KB162793

왜
한명회는
남이 장군을
제거했을까?

교과서 속 역사 이야기, 법정에 서다

26
역사공화국
한국사법정

남이 장군 vs 한명회

왜 한명회는 남이 장군을 제거했을까?

글 임채영 | 그림 최상훈

|주|자음과모음

왕조를 창업하는 것은 여간 어려운 일이 아닙니다. 구시대 질서를 무너뜨리고 새로운 질서를 세워야 하기 때문입니다.

새로운 왕조를 창업하기 위해서는 무엇이 필요한지 생각해 봅시다. 새 왕조를 열려는 자의 탁월한 능력과 리더십은 말할 것도 없습니다. 주변에 뛰어난 장수들과, 옛날에는 책사라고 부르던 출중한 전술가들도 필요하지요. 여기에 지도자의 비전을 믿고 따르는 용맹한 군사들도 있어야 합니다.

그러나 이것만 가지고는 부족합니다. 가장 중요한 것이 남아 있습니다. 그것은 구시대 질서를 거부하고 새로운 지도자를 받아들이겠다는 백성들의 열망이지요. 뛰어난 장수와 출중한 전술가, 용맹한 군사들이 있어도 백성들에게 신뢰와 지지를 받지 못하면 왕조 창업을 할 수 없습니다.

　우리 역사를 살펴보더라도 모든 조건을 갖추고 있었지만 백성들의 신뢰와 지지를 받지 못해 왕조 창업에 실패한 경우를 많이 볼 수 있습니다. '백성을 하늘같이!' 이 말은 괜히 나온 게 아니었습니다.

　그런데 앞에서 한 말들을 뒤집어 생각해 봅시다. 백성들의 신뢰와 지지를 받으면 가장 중요한 조건을 갖춘 셈이 됩니다. 백성들의 열망을 한 몸에 받으면 뛰어난 장수, 출중한 전술가, 용맹한 군사들을 언제라도 모을 수 있습니다.

　그래서 백성들에게 신뢰받는 자는 기존 정치 세력에게는 늘 위험한 인물이 될 수밖에 없었습니다. 정당하지 못한 방법으로 왕위를 차지한 왕, 그 왕 밑에서 나랏일을 쥐락펴락하는 고관대작들에게 자신들의 안녕을 위해서 반드시 제거해야 할 인물이었습니다. 백성들에게는 희망의 상징이지만 조정 대신들이 보기에는 '공공의 적'이었던 것입니다.

　남이 장군이 바로 대표적인 인물입니다. 남이 장군은 어려서부터 백성들의 믿음과 칭송을 한 몸에 받았습니다. 그러나 조정 대신들이 보기에는 언제든지 자신들을 위협할 수 있는 인물이었지요.

　조정 대신들은 남이 장군이 새로운 질서를 열망하는 백성들의 희망의 불꽃이 되는 것을 막아야만 했습니다. 젊은 남이 장군의 성장은 세조의 왕위 등극을 도와 정치적 실권을 차지한 훈구 세력들에게는 도저히 용납할 수 없는 일이었습니다. 조선을 개업한 태조를 도와 정치적 실권을 차지한 세력을 개국공신이라고 한다면, 세조의 왕위 찬탈을 도운 세력을 훈구파라고 하지요.

훈구 세력은 틈만 나면 남이 장군을 모함하려 들었습니다. 그러나 그것도 한계가 있었지요. 남이 장군은 조선 제3대 임금인 태종의 넷째 딸 정선 공주의 아들이었기 때문입니다. 남이 장군의 아버지는 바로 태종의 네 번째 사위입니다. 남이 장군 또한 한명회와 함께 훈구파의 양대 산맥이었던 권람의 사위이기도 했습니다.

남이 장군은 어려서 무과에 장원 급제하고 뛰어난 무예와 지략으로 변방의 여진족을 무찔러 백성들에게 신망이 높았습니다. 여기에 훈구파의 가장 든든한 배경인 세조마저 남이 장군의 재주를 아껴 총애하였으니 조정 대신들은 틈만 보이면 남이 장군을 음해하려고 들었지요.

남이 장군은 1467년, 조선이 개업한 이래 가장 큰 반란이었던 '이시애의 난'을 평정하고 돌아왔습니다. 세조는 남이 장군을 병조 판서로 발탁하였지만 훈구 세력들이 일제히 들고일어나 남이 장군의 어린 나이와 많지 않은 경험 등을 이유로 절대 안 된다며 반대했습니다. 결국 남이 장군은 한참 낮은 직급인 종2품 겸사복장 자리로 밀려났습니다.

억울한 일이었지만 남이 장군은 신경 쓰지 않았습니다. 하지만 남이 장군에 대한 세조의 총애까지 확인한 훈구 세력은 남이 장군을 제거할 기회만 엿보고 있었습니다. 남이 장군을 옥에 가두고 취조하기 시작한 것은 그로부터 얼마 지나지 않았을 때였습니다.

역사에서는 이것을 두고 '남이의 옥'이라고 합니다. 남이 장군은

왜 한명회는 남이 장군을 제거했을까?

모진 고문과 가혹한 문초를 견디며 끝내 자백을 하지 않았으나 거열형으로 죽임을 당하였습니다.

시간이 한참 흘러 남이 장군은 역사공화국 한국사법정에 소송을 제기했습니다. 당시 자신을 모함한 훈구 세력의 중심인물 한명회를 법정에 세워 역사의 진실을 밝히겠다고 말이지요. 한국사법정에서 두 사람은 과연 어떤 말을 남겼을까요? 이제부터 한번 귀 기울여 봅시다.

임채영

차례

책머리에 | 4

교과서에는 | 10

연표 | 12

등장인물 | 14

프롤로그 | 18

미리 알아두기 | 24

소장 | 26

재판 첫째 날 한명회는 어떻게 힘을 키웠을까?

1. 한명회의 등장 | 30

2. 훈구 세력의 형성 | 44

열려라, 지식 창고_개국공신과 훈구 공신 | 57

휴정 인터뷰 | 59

재판 둘째 날 남이 장군을 죽인 건 한명회였을까?

1. 남이 장군의 활약과 위기 | 64
2. 남이 장군의 죽음 | 77
열려라, 지식 창고_조선의 장군들 | 100
휴정 인터뷰 | 102
역사 유물 돋보기_그림으로 살펴본 한명회의 삶 | 105

재판 셋째 날 한명회는 정말 권력을 내려놓으려 했을까?

1. '남이의 옥' 사건의 전모 | 110
열려라, 지식 창고_남이 장군은 왜 신이 되었나? | 137
2. 한명회의 정자, 압구정 | 139
휴정 인터뷰 | 147

최후 진술 | 150
판결문 | 154
에필로그 | 156
떠나자, 체험 탐방! | 160
한 걸음 더! 역사 논술 | 162
찾아보기 | 167

조선이 국가의 기틀을 마련해 가는 과정에서 정치 세력의 변화가 있었다. 특히 세조가 왕위에 오른 후에는 그를 도운 공신들이 권력을 차지하였다. 이들은 국가로부터 많은 특혜를 받아 넓은 토지와 많은 노비를 가지고 있었고 큰 권력을 누렸다. 이렇게 형성된 세력을 훈구 세력이라고 한다.

| 중학교 | 역사 | VI. 조선의 성립과 발전
3. 사림 정치와 성리학 질서의 확립
(1) 사림 세력의 성장 |

훈구 세력의 대표적인 인물로 한명회가 있다. 한명회는 오래도록 과거 시험에 합격하지 못하는 등 평범한 삶을 살았다. 그러나 친구의 도움으로 수양 대군의 측근이 되면서 더 이상 평범한 인생을 살지 않았다. 수양 대군이 정변을 일으켜 왕위에 오르는 과정에서 중요한 역할을 해서 공신에 올랐기 때문이다.

조선은 민본과 덕치를 앞세우는 유교 정치 이념에 따라 특정 개인이나 집단이 권력을 독점하는 것을 막고자 하였다. 그래서 중앙 정치 기구는 의정부와 행정 업무를 하는 6조, 견제 역할을 하는 3사로 이루어졌다. 6조는 이조, 호조, 예조, 병조, 형조, 공조이고, 3사는 사헌부, 사간원, 홍문관을 가리킨다.

고등학교	한국사	Ⅱ. 고려와 조선의 성립과 발전 2. 유교 정치의 이상을 꽃피운 조선 　(1) 민본 이념을 구현하기 위한 　　　통치 체제를 갖추다
		Ⅱ. 고려와 조선의 성립과 발전 2. 유교 정치의 이상을 꽃피운 조선 　(2) 사림, 새로운 정치 세력으로 등장하다

사림은 고려 말 조선 건국에 반대하고 향촌으로 돌아가 학문과 교육에 힘썼던 길재 등의 후예로 15세기 말 성종 때 김종직을 필두로 중앙 정치 무대에 진출했다.

세조의 즉위에 공을 세운 신하들을 훈구 세력이라고 하는데, 이들이 대를 이어 고위 관직을 독점하면서 여러 가지 문제점이 드러나게 된다. 빈민을 구제하기 위해 시행한 환곡이 고리대로 변질되어 백성의 생활은 더욱 궁핍해지는 등 문제가 심각해졌다.

한국사 연표

1418년	조선 제4대 세종 대왕 즉위
1420년	집현전 설치
1434년	6진 설치
1441년	측우기 제작
1443년	훈민정음 창제
	4군 설치 완료
1446년	훈민정음 반포
1450년	조선 제5대 문종 즉위
1452년	조선 제6대 단종 즉위
1453년	수양 대군, 계유정난 일으킴
1455년	수양 대군, 조선 제7대 세조로 즉위
1467년	이시애의 난
1468년	조선 제8대 예종 즉위
	남이의 옥
1469년	조선 제9대 성종 즉위
1485년	『경국대전』 완성
1494년	조선 제10대 연산군 즉위
1498년	무오사화
1504년	갑자사화
1506년	중종반정, 연산군 폐위
	조선 제11대 중종 즉위

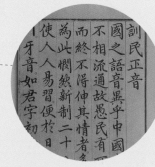

1368년   원나라 멸망, 명나라 건국

1405년   명나라, 정화의 남해 원정(~1433)

1429년   프랑스 잔다르크, 영국군 격파

1438년   독일, 합스부르크가의 지배 시작

1450년   구텐베르크, 활판 인쇄술 발명

1453년   오스만 제국, 콘스탄티노플 정복
               비잔틴 제국 멸망

1455년   영국, 장미전쟁(~1485)

1467년   일본, 전국 시대 시작

1487년   모스크바 대공국 성립

1492년   콜럼버스, 아메리카 항로 발견

1498년   바스코 다 가마, 인도 항로 발견

1517년   루터의 종교 개혁

원고 남이(1441년~1468년)

조선 전기 백성들을 상대로 인기투표를 했다면 당연히 내가 1등을 했을 거예요. 그 정도로 인기가 많았죠. 비결요? 젊고 능력 있는 무장이었으니까요. 하지만 내 인기를 시기한 조정 대신들은 내게 '역모 죄'를 씌워 28세였던 나를 저승 세계로 보냈답니다.

원고 측 변호사 김딴지

역사공화국의 억울한 영혼을 위해 나선 나, 김딴지 변호사! 이번에 말로만 듣던 남이 장군을 직접 만나 보고 소송을 준비하면서 반드시 피고 한명회의 코를 납작하게 해 주겠다고 다짐했답니다. 한번 지켜보시라고요!

유자광

내가 인물은 인물인 모양입니다. 저승 세계로 들어간
지 500년이 넘도록 내 이름이 이승에서도 끊임없이
오르내리니까요. 역사에서 말하는 '남이의 옥'이 나
의 고발로 시작된 것은 맞습니다. 하지만 밝힐 수 없
는 여러 복잡한 사정이 있었지요.

군졸 갑석 (가상 인물)

나는 의금부 소속으로, 옥에 갇힌 죄인들을 문초하
여 자백을 받아 내는 것이 장기입니다. 그런데 세상
에나! 옥에 들어온 인물이 다른 사람도 아닌 남이 장
군이었습니다. 그때 얼마나 당황했는지 몰라요. 평소
존경하던 분이었으니까요.

군졸 을석 (가상 인물)

나는 갑석과 함께 오랫동안 의금부의 군졸로 있었습
니다. 그러다 우연히 남이 장군이 문초를 겪는 역사
적 현장을 지켜보게 되었지요. 그때 보고 들은 것을
이제는 말할 수 있습니다. 용기를 내서 증언해 보겠
습니다.

등장인물

피고 한명회(1415년~1487년)

내 이름 모르면 간첩이죠. 비록 청년기에는 좀 고달
픈 삶을 살았지만 세조 임금의 책사가 된 후 내 인
생은 활짝 피어났죠. 게다가 일흔을 훌쩍 넘겨 살았
으니 부귀영화를 누리며 장수한 셈이지요. 그런데
이곳 저승 세계에 온 뒤 모든 것이 바뀌었어요. 부
관참시를 당하고 나에 대한 공격이 끊이지 않으니
말이에요.

피고 측 변호사 이대로

역사공화국의 명변호사 이대로입니다. 사실 피고가
사건 의뢰를 했을 때 많이 망설였습니다. 하지만 피고
에게 모든 죄를 뒤집어씌울 수는 없다는 생각에 제가
두 팔을 걷어붙였지요.

피고 측 증인 권람

이번에 증언을 부탁받으면서 고민이 많았습니다. 나는 피고와 둘도 없는 친구 사이인 데다 원고는 내 사위이니까요. 그러나 진실을 밝혀야 한다는 생각에 증언을 하기로 결심하였습니다. 그게 사대부의 도리 아니겠습니까?

피고 측 증인 노사신

나는 조선 초기의 문신으로 『경국대전』, 『삼국사절요』를 편찬하였습니다. 처음에 증인을 서 달라는 부탁을 받았을 때 조금 난감했습니다. 하지만 나는 훈구파의 막내로서 잘못 알려진 사실을 바로잡는다는 사명 의식을 갖고 증언대에 서기로 결심했습니다.

판사 정역사

역사공화국에서 공정하기로 소문난 정역사 판사입니다. 쉽지 않은 재판이 될 거라고 예상은 했지만 원고와 피고 사이의 감정의 골이 생각보다 깊더군요. 그래도 능력 있는 판사답게 재판을 원만하게 이끌 생각입니다.

"남이 장군을 죽인 건 나, 한명회가 아니야. 책임질 사람은 따로 있다고!"

소송 서류를 들추며 검토하던 이대로 변호사는 책상에 엎드리고 말았다.

"휴! 끝이 보이지 않아."

이대로 변호사 책상에는 소송 관련 서류가 사람 키만큼 쌓여 있다. 한 사건당 서류가 대략 엄지와 검지를 쫙 벌린 두께이니 얼추 계산해도 밀린 사건이 20건 가깝다. 이대로 변호사는 밤낮으로 사건 기록을 들춰 가며 재판을 준비했지만 하나를 해치우면 또 다른 사건이 그 자리를 채웠다.

"만성 피로야!"

이대로 변호사는 지끈거리는 머리를 양손 중지로 누르며 말했다.

"역사 사건처럼 골치 아프고 끝이 없는 재판도 드물 거야."

이대로 변호사의 말은 과장이 아니었다. 하루에도 두통약을 몇 알씩 먹어야 할 만큼 골치가 아팠다.

'똑똑!'

갑자기 문을 두드리는 소리. 또 사건 의뢰인인가? 이대로 변호사는 가슴이 철렁 내려앉았다.

"들어오세요."

그러자 천천히 문이 열리고 한 노인이 들어왔다. 나이가 일흔을 훌쩍 넘겼을 것 같은 노인은 어딘지 낯이 익었다.

"어떻게 오셨습니까?"

"나, 한명회라는 사람이오."

자신감이 느껴지는 목소리와 말투다. 살았을 때 한자리 했을 성싶었다.

"이리 앉으시지요."

노인에게 자리를 권하면서 이대로 변호사는 기억 속에서 한명회란 이름을 뒤지고 있었다.

'아, 한명회! 역사 속 이야기에 자주 등장하는 그 영감님!'

이제 이대로 변호사는 한결 여유를 찾았다. 이대로 변호사는 한명회 앞에 앉으며 그가 찾아온 이유를 추리하기 시작했다.

'분명 좋은 일은 아닐 텐데. 무슨 일일까?'

이대로 변호사는 조금 의아한 표정으로 한명회에게 조심스럽게 물었다.

"정승 나리께서 어인 일로 저를 찾아오셨는지요?"

"기가 막혀서 견딜 수가 없어 찾아왔네. 왜 가만히 있는 나를 자꾸 건드리는 거야?"

한명회는 흥분하여 주먹으로 탁자라도 내리칠 기세였다.

"진정하시고, 무슨 일입니까?"

"글쎄 이번에는 남이라는 새파란 애송이가 내게 소송을 걸지 않았나? 왜 다들 나를 못살게 구는 거야! 내게 안 좋은 감정을 가진 자들이 왜 그렇게 많은 거야?"

"그러니까 정승 나리가 피고가 되신 거로군요?"

"피고는 무슨 피고? 잘못한 것이 있어야 피고가 되는 거지."

이대로 변호사는 고개를 갸웃했다. 남이 장군과 한명회 사이에 있었던 일은 역사공화국에서 모르는 사람이 없을 정도였다. 바로 남이 장군이 역모를 꾀했다는 모함을 받고 젊은 나이에 처형당한 일 말이다. 그런데 피고가 된 한명회는 자신과는 상관없는 일이라고 하지 않는가.

"정승 나리, 그 일은 웬만큼 다 알려진 일인데요."

"누가 그래? 누가 함부로 그런 말을 해? 잘 알지 못하면 입을 다물라고 그래. 그 일은 내가 꾸민 게 아니야. 책임질 사람은 따로 있어!"

"그럼 그 일은 정승 나리와는 관계가 없다는 말씀이십니까?"

"그렇지, 그렇지. 내 설명을 들어 보면 알 수 있어."

한명회는 준비해 온 종이를 꺼냈다. 종이에는 여러 사람의 얼굴이 그려져 있었다. 한명회는 종이에 그려진 얼굴에다 선을 그어 가며 열심히 설명했다. 이대로 변호사도 한명회의 말을 집중하여 들었다.

한명회의 설명이 끝나자 이대로 변호사가 물었다.

"정승 나리가 설명하신 내용이 모두 사실입니까?"

"내가 누구인가? 나, 한명회야! 이 마당에 내가 무엇을 감추고 꾸미려 들겠는가? 내가 말한 것은 틀림없는 사실이네."

"설명하신 그대로라면 이번이 오랜 누명을 벗을 기회입니다."

"그렇지, 그렇지. 내가 이 변호사를 찾아온 것도 그 때문이야. 어지간하면 사람들이 오해를 하든 말든 그냥 참으려고 했는데, 소송까지 걸어오니 내 인내심도 폭발을 한 거지. 아예 이번 기회에 나에 대한 오해를 모두 풀어 버릴 셈이네. 어때? 자신 있나?"

"열심히 해 보겠습니다."

"그래그래. 내 자네만 믿네."

한명회는 화가 가라앉은 표정으로 자리에서 일어섰다.

"참, 소장은 가지고 오셨습니까?"

"밖에 있는 직원들에게 복사해 놓으라고 했으니 내가 나가고 난 뒤에 검토해 보게. 나는 이만 가네."

문을 나서려던 한명회가 다시 한 번 이대로 변호사를 매서운 눈길로 돌아보며 말했다.

"나, 한명회야. 내 이름이 부끄럽지 않도록 이번 재판에서 반드시 승소하게나. 알겠나?"

"네."

한명회가 사무실에서 나가고 난 뒤에 이대로 변호사는 잠시 멍해졌다. 한바탕 거센 바람이 휩쓸고 지나간 듯했다. 사건을 맡겠다고 약속은 했지만 재판 결과가 좋지 않으면 한명회의 등쌀에 배겨 낼 재간이 없을 듯했다.

이대로 변호사는 이번 재판은 꼭 이기고 말겠다고 다짐했다. 한명회가 아니라 자신을 위해서라도 이겨야만 했다. 알려지지 않은 사실을 들춰내 승소한다면 역사공화국 법정에서 이름을 널리 알릴 수도 있을 것이었다.

수양 대군의 자방, 한명회

중국 한나라 때의 유명한 책사(꾀를 써서 일이 잘 이루어지게 하는 사람)
였던 장양의 호가 자방인데, 수양 대군은 한명회를 '자신의 자방'이라
고 생각하였습니다. 그만큼 수양 대군이 한명회의 꾀와 지략에 의지하
였다는 말이지요. 한번은 쓸 만한 무사가 없음을 한탄하는 수양 대군
에게 한명회는 활쏘기 연습이라는 명분으로 술과 안주를 장만하여 매
일 모화관이나 훈련원에 나가 활쏘기를 하고 나서 무사들을 먹이라고
조언하였어요. 모화관은 중국 사신을 영접하던 곳이고 훈련원은 병사
들이 무예 연습을 하던 곳이라 무사들이 많았기 때문이지요.

한명회는 세조부터 성종까지 4대에 걸쳐 왕을 모시며 그 장인이 되
기도 했고 영의정이 되기도 했습니다. 여러 차례 공신이 되어 큰 권력
과 부를 누렸어요. 심지어 세조의 유언으로 3개월 동안 왕의 권한을 가
지고 나랏일을 보기도 했지요.

하지만 한명회가 처음부터 정치적으로 두각을 나타낸 것은 아니었
습니다. 한명회는 여러 번 과거를 보았으나 합격하지 못해 벼슬길에
나가지 못하였어요. 그러다가 조상이 공을 세운 덕분에 말단 관직인
경덕궁의 '궁직'이 되었지요. 경덕궁은 태조 이성계가 왕이 되기 전에

살던 집을 왕이 된 후 크게 고쳐서 궁이라 부른 것입니다. 그리고 이곳에 궁직이라는 자리를 두어 지키게 하였습니다. 따라서 경덕궁 궁직은 정치의 핵심으로 떠오르기에는 너무 미미한 자리였지요.

한명회가 이런 자리에 만족할 리가 없었지요. 그래서 한명회는 어린 조카를 왕으로 모셔야 했던 수양 대군을 만납니다. 그리고 "국가에 어린 임금이 있으면 반드시 옳지 못한 사람이 정권을 잡고, 옳지 못한 사람이 정권을 잡으면 요사하고 간사한 무리가 그림자처럼 붙어서 화를 불러일으켰습니다"라는 말을 하지요. 이후 한명회는 수양 대군의 수족이 되어 계유정난을 일으키고 권력의 중심에 섭니다. 계유정난은 수양 대군이 1453년 왕위를 빼앗기 위하여 일으킨 사건입니다. 김종서의 집을 습격하여 그와 그의 아들을 죽여 수양 대군이 왕위에 오르는 것을 반대하는 세력을 없앤 것이지요. 한명회는 계유정난 때 모든 과정의 중심에 있었던 것은 물론 수양 대군이 왕이 된 후에도 정권을 위협하는 세력을 제압한 일등 공신이었답니다.

| 원고 | 남이 | 대리인 | 김딴지 변호사 |
| 피고 | 한명회 | 대리인 | 이대로 변호사 |

청구 내용

나는 조선 왕조에 큰 공을 세운 집안의 자손으로 불과 17세의 나이에 무과에 장원 급제하여 임금에게 "나라를 지킬 큰 인물이 나타났다"는 칭찬을 들었습니다. 그리고 이후 도적 떼와 여진족, 반란군 등을 물리치며 나라의 든든한 버팀목으로 성장해, 온 백성이 입을 모아 나를 조선의 미래를 짊어질 젊은 인재로 추앙하였습니다.

그런데 나의 명성이 높아지자 피고 한명회를 중심으로 한 훈구 세력은 자신들의 정치 세력이 약해질 것을 두려워하기 시작했습니다. 결국 자신들의 정치적 이익에 눈이 먼 훈구파의 중심 한명회는 야비하게 나를 모함하고 마침내는 역모 죄를 뒤집어씌워 국문에 붙였습니다. 견딜 수 없는 가혹한 문초를 지시한 한명회는 나를 살려 두면 화근이 될 것이라고 판단하여 나를 비롯한 죄 없는 많은 사람들을 처형하기에 이르렀습니다.

시간이 흘러 1818년, 순조 18년에 충무라는 시호를 받고 나의 누명은 벗겨졌지만 가슴속에 맺힌 한을 씻을 수가 없습니다. 때마침 역사공화국 한국사법정이 개정되었다는 소식이 들려 이 기회에 나는 그 당시 아무 벌도 받지 않은 주동자 한명회를 상대로 무고 및 고문과 살인

지시 혐의로 소송을 제기하려 합니다.

한명회는 자기 세력의 이익을 위하여 사람의 목숨을 가볍게 여기고 국법을 어지럽힌 훈구파의 우두머리입니다. 그런 한명회에게 엄중하게 죄를 묻고 벌을 내려 역사의 정의가 살아 있다는 것을 증명하고자 합니다.

정의를 지키는 한국사법정의 옳은 판결을 기대하겠습니다.

입증 자료

- 이긍익의 『연려실기술』 중 '남이' 편
- 강효석의 『대동기문』 중 '남이' 편
- 구전 설화

  그 외 자료 추후 제출하겠음.

위 청구인 남이

역사공화국 한국사법정 귀중

한명회는 어떻게 힘을 키웠을까?

1. 한명회의 등장
2. 훈구 세력의 형성

교과 연계

역사
V. 조선의 성립과 발전
  3. 사림 정치와 성리학 질서의 확립
    (1) 사림 세력의 성장

1 한명회의 등장

    이곳은 역사공화국 한국사법정 앞! 오늘도 재판을 보러 온 사람들로 법원 앞은 발 디딜 틈이 없다. 조선 시대의 남이 장군이 한명회를 상대로 소송을 걸었다는 소식에 다른 어느 때보다도 많은 사람들이 몰려와 있었다. 특이한 것은 빨간색, 청색, 노란색, 하얀색, 검정색 옷들이 방청석을 온통 수놓고 있다는 점이다. 사람들이 하나같이 색동 소매 옷을 입고 있어 법정 안은 원색의 물결로 정신을 차리기 힘들 지경이었다. 마치 한바탕 굿을 벌이기 전에 꽂아 놓은 깃발이 바람에 펄럭이는 것만 같았다. 방청객들이 저마다 화장을 짙게 하여 누가 누구인지 분간하기조차 힘들었다. 역사공화국 한국사법정이 세워진 이래 가장 화려한 방청석이었다. 법정에 들어서던 피고 측 변호인 이대로 변호사는 화려한 색깔에 어안이 벙벙했다.

왜 한명회는 남이 장군을 제거했을까?

'도대체 저 사람들이 누구지? 누구를 지지하려고 나온 걸까?'

이대로 변호사는 소란을 방지하기 위해 나와 있던 법정 경위에게 물었다.

"저 울긋불긋한 차림의 사람들이 대체 누구죠?"

법정 경위는 처음 보았냐는 듯 이대로 변호사를 바라보며 퉁명스럽게 말했다.

"변호사님도 참! 모르셨어요? 모두 남이 장군을 모시는 무녀들이지 누구겠어요!"

"아니, 원고 남이를 모시는 무녀라고요? 그럼 저 사람들이 모두 무당이란 말인가요?"

"네! 전국에 남이 장군을 모신 사당이 얼마나 많은 줄 모르세요?"

"음······."

이대로 변호사는 바짝 긴장이 됐다. 한명회가 찾아와 사건을 의뢰할 때까지만 해도 남이를 상대로 재판에서 이길 자신이 있었다. 하지만 법정에 도착해 보니 의외로 남이를 지지하는 사람들이 많아 보였다.

'흠, 쉽지 않겠는걸.'

이대로 변호사가 긴장한 눈빛으로 방청석을 둘러보는 사이, 원고 남이를 응원하기 위해 나온 전국의 무당들이 피고 한명회를 향해 거센 비난을 퍼붓기 시작했다.

"우리 남이 장군님을 죽음으로 몰아넣은 그놈의 얼굴이나 한번 보자고!"

"남이 장군님을 죽이고 평생을 호의호식했으니 얼굴에 기름기가 번지르르할걸."

"나오기만 해 봐라. 가만두지 않을 거야!"

이때 이번 재판의 원고 남이와 피고 한명회가 법정 안으로 들어섰다. 28세에 역사공화국 영혼이 된 남이는 여전히 혈기왕성해 보였고, 72세에 이곳으로 온 한명회는 변함없이 기세등등한 노인의 모습이었다. 두 사람은 서로 눈길도 마주치지 않은 채 자리에 앉았다. 뒤이어 한국사법정의 정역사 판사도 법정 안으로 들어와 판사석에 앉았다.

판사 자, 이제부터 원고 남이 대 피고 한명회의 재판을 시작하겠습니다. 제일 먼저 원고 측 변호인, 원고 남이가 피고 한명회에게 소송을 건 이유를 말씀해 주시겠어요?

김딴지 변호사 존경하는 판사님, 그리고 지금까지 원고 남이 장군의 열렬한 팬이 되어 주신 역사공화국 국민들, 특히 원고를 신으로 모시고 있는 무속인 여러분! 우선 제가 원고를 대신하여 여러분께 고마움의 인사를 전하고 싶습니다. 그리고 한편으로는 너무 원통하여 가슴이 찢어지도록 아픕니다.

김딴지 변호사는 정말 가슴이 미어지는 듯 안경을 벗고 손수건으로 눈물을 닦았다. 방청석 여기저기에서 훌쩍이는 소리가 들려왔다.

김딴지 변호사 이번 재판의 원고 남이는 조선 전기에 크게 이름

왜 한명회는 남이 장군을 제거했을까?

을 떨쳤던 젊고 용맹스러운 장군이었습니다. 게다가 앞길
이 창창한 젊은이였지요! 하지만 여러 빛나는 공을 세우고
왕과 백성의 신망을 얻어 가던 원고는 이를 시기했던 탐
욕스러운 권세가 한명회에 의해 **역모**를 꾀했다는 누명을
뒤집어쓰고 1468년에 처형당했습니다! 그리하여 원고는 지금까지
550여 년이 되도록 분통이 터지고 억울하여 밤잠을 이루지 못했다
고 합니다. 억울하게 누명을 쓰고 스물여덟이라는 젊은 나이에 역사
공화국 영혼이 되었으니 원고가 두 다리 뻗고 잠을 잘 수나 있었겠
습니까? 그래서 이제라도 자신의 죽음에 얽힌 비밀을 모두 파헤쳐
피고 한명회의 어두운 권력욕을 세상에 낱낱이 밝히겠다고 나선 것
입니다!

김딴지 변호사는 거의 웅변을 하듯이 남이가 소송을 제기한 이유
를 밝혔다. 김딴지 변호사의 발언이 끝나자 방청석이 또 한 번 술렁
거렸다.

"아무리 시간이 지났어도 사실은 사실대로 밝혀야지, 암!"
"우리 남이 장군님이 변호사는 제대로 고르신 것 같아."
"굳이 누가 했는지 말해야 아나? 척하면 착이지."

이때 피고 측의 이대로 변호사가 손을 번쩍 들며 자리에서 일어
났다.

이대로 변호사   이의 있습니다, 판사님!

역모
왕을 끌어내리고 새롭게 통치
권력을 잡으려 하는 것을 말합
니다.

판사   흠, 이번 재판은 시작부터 열기가 매우 뜨겁군요. 피고 측 변호인, 말씀하시죠.

이대로 변호사   지금 원고 측 변호인은 결론도 나지 않은 사건에 대해서 누명 운운하며 원고에게 유리한 분위기를 만들고 있습니다. 판결이 나기 전에는 어느 누구도 유죄, 무죄를 확정하거나 추정할 수 없습니다! 원고 측 변호인의 발언을 즉시 취소시켜 주십시오.

판사　　지금 원고 측 변호인은 원고의 심정을 대신하여 의견을 밝히는 중입니다. 원고 측 변호인은 계속하세요.

김딴지 변호사　　하하. 감사합니다, 판사님. 원고는 지금 한국사법정에 큰 기대를 걸고 있습니다. 사실 원고는 그동안 많은 사람들의 입에서 입으로 용맹함과 총명함을 인정받아 왔습니다. 원고의 나라 사랑은 두말할 필요도 없고요! 원고의 이름 석 자, 아니 이름 두 자를 알고 있다면 그 억울한 죽음을 안타까워하지 않을 사람이 없을 것입니다. 원고는 죽어서도 사람들에게 길이 인정받는 용맹한 장군이자 충신으로 남았습니다.

하지만 그럼에도 불구하고 피고를 상대로 소송을 제기한 이유가 있습니다. 그것은 아직 드러나지 않고 있는 역사의 진실을 밝히기 위해서입니다! 도대체 이 사건의 각본을 쓰고 연출을 한 자는 누구인가에 대해 말이지요. 원고는 그것이 밝혀져야 역사의 정의가 바로 선다고 굳게 믿고 있습니다. 이 법정은 원고를 죽음으로 내몬 어둠 속의 주인공이 누구인가를 밝히는 자리가 될 것입니다!

판사　　원고 남이가 피고 한명회를 상대로 소송을 걸게 된 입장을 잘 이해했습니다. 그러면 이번에는 원고와 피고 모두 자기소개를 해 주세요. 원고부터 해 볼까요?

판사의 자기소개 요청에 남이와 한명회는 헛기침을 했다. 남이가 먼저 비장한 표정으로 자리에서 일어났다. 요란스럽게 응원하던 방청객들도 모두 숨을 죽이고 지켜보았다.

문초
죄나 잘못을 따져 묻는 일을 말합니다.

치세
통치자에 의해 나라가 잘 다스려져 평화로운 시대를 뜻합니다.

무과
고려와 조선 시대에 무관을 뽑던 과거 시험을 말합니다. 무예와 병서를 시험 보았는데, 3년에 한 번씩 정기적으로 실시하는 식년 무과와 수시로 실시하는 증광시·별시·알성시·정시·춘당대시 등의 각종 비정규 무과가 있었습니다.

장원 급제
과거 시험에서 가장 우수한 성적을 받는 것을 말합니다.

이시애의 난
세조 13년인 1467년에 지방 호족 이시애가 일으킨 난으로, 세조의 중앙 집권 정책에 대한 반발에서 시작되었습니다. 하지만 남이 장군에 의해 곧 진압되었지요.

남이   안녕하세요, 역사공화국 여러분. 조선 전기의 장군, 남이입니다. 흠흠. 이렇게 550여 년 만에 세상에 나와 많은 분들 앞에서 내 소개를 하려니 매우 떨리는군요. 저 서슬 퍼런 한명회의 모함을 받아 억울한 문초를 받을 때도 이렇게 긴장하진 않았는데 말이에요.

나는 세종 대왕 치세였던 1441년에 조선 왕실의 자손으로 태어났습니다. 세종 대왕의 아버지인 태종 임금이 나의 외할아버지가 되시지요. 내 어머니는 태종 임금의 넷째 딸인 정선 공주입니다. 그러니까 세종 대왕은 나의 외삼촌이 되고요. 내가 여섯 살이던 1446년에 한글이 반포되었지요.

어려서부터 총명하고 씩씩하다는 칭찬을 많이 듣고 자란 나는 1457년 17세 때 뛰어난 군인을 뽑는 시험이었던 무과에 장원 급제하며 두각을 나타내었습니다. 그 뒤 지방을 어지럽히던 도적 떼와 반역자 무리를 물리치며 임금과 백성의 신망을 얻기 시작했습니다.

김딴지 변호사   구체적으로 어떤 일이 있었지요?

남이   1467년에 임금의 명을 받아 포천과 영변 지역에서 큰 세력을 떨치던 도적 무리를 물리쳐 없앴습니다. 그리고 당시 함길도라 불리던 함경도 지방에서 조선 개국 이래 최대의 반란인 '이시애의 난'이 일어나자 대장으로 나서서 반란을 모두 잠재웠지요. 또한 국경을 넘보던 여진족 대장 이만주의 목을 베어 조선의 동북 국경을 튼튼히 하였습니다. 그리하여 28세이던 1468년에 병조에서 가장 높은 자리인 병조 판서에 올라 세상을 더욱 놀라게 하였답니다.

견제
일정한 작용을 가해 상대편이 힘을 쓰지 못하도록 억누르는 것을 말합니다.

김딴지 변호사　정말 대단하시군요! 그런데 원고가 병조 판서에 올랐던 그해에 돌이킬 수 없는 시련이 닥쳤다면서요?

남이　그렇습니다. 그때는 세종 대왕의 뒤를 이어 문종, 단종 임금이 짧게 조선을 다스리신 뒤 세조 임금의 치세가 이어지고, 그다음에 예종 임금이 즉위한 해였지요. 나는 세조 임금의 총애를 한 몸에 받았지만 예종 임금에게는 아니었습니다. 나날이 높아지는 내 인기에 한명회뿐만 아니라 예종 임금도 나를 **견제**하기 시작했거든요. 아마도 시기심 때문이었겠지요. 한명회를 중심으로 한 훈구 세력은 나를 없애 버리려고 호시탐탐 기회를 엿보기 시작했습니다. 잘난 게 죄가 아닌데 말입니다. 결국 그들에 의해 나는 역모를 꾀했다는 누명을 쓰고 스물여덟의 젊은 나이에 처형되고 말았습니다…….

　남이가 커다란 체격에 어울리지 않게 어깨를 들썩이며 눈물을 훔쳤다. 방청객들도 젊은 나이에 처형당해야 했던 비운의 장수를 애처롭게 바라보았다. 이대로 변호사는 방청석 분위기가 피고 한명회에게 불리하게 돌아가고 있다는 것을 알아차리고 손을 번쩍 들었다. 이럴 때는 관심을 재빨리 다른 곳으로 돌려야 했다. 오랜 변호사 생활 끝에 터득한 요령이었다.

이대로 변호사   판사님, 원고의 자기소개는 저 정도면 충분하다고 봅니다! 이번에는 피고에게 기회를 주십시오.

판사   그럽시다. 피고는 자리에서 일어나 자기소개를 해 주세요.

한명회   나는 한명회라고 하오. 이번 소송을 앞두고 '이것은 나를 세 번 죽이려는 음모다' 이렇게 생각했지요. 왜냐하면 아시는 분들도 있겠지만 나는 세조 때 조금씩 이름을 날리기 시작하여 성종 대에 이르러서는 영의정에 병조 판서까지 겸임하며 남부러울 것 없는 권세를 누렸습니다. 그리하여 임금으로부터 나라에 공을 많이 세운 원로들에게 주는 궤장이라는 지팡이까지 받았지요. 그러다 1487년, 72세를 일기로 세상을 떴으니 이것이 첫 번째 죽음이요, 두 번째는…… 흠.

판사   피고는 발언을 진행하세요.

한명회   알겠소. 명이 다해 맞이했던 첫 번째 죽음 이후 나는 불행하게도 1504년에 폭군이었던 연산군에 의해 무덤이 파헤쳐지고 시신이 꺼내져 팔다리를 절단당하는 부관참시형을 받았습니다. 연산군의 친어머니 폐비 윤씨 **복위** 문제로 일어난 **갑자사화** 때문이었지요. 내 무덤이 파헤쳐지는 것으로 모자라 부관참시까지 당했으니 내 마음이 어땠겠습니까? 다행히 그 후에 억울하게 죄를 썼던 것이 인정되어 명예를 회복하긴 했습니다만……. 그런데 한국사법정에서 다시 나를 재판에 세우겠다고요? 나 원 참! 내가 어찌 분통이 터지지 않을 수 있겠소? 이미 나는 역사의 심판을 받아 명예가 회복되었는

복위

쫓겨났던 왕이나 왕비가 다시 지위를 회복하여 그 자리에 오르게 되는 것을 말합니다.

갑자사화

1504년 연산군이 왕이 된 지 10년째 되던 해, 연산군의 친어머니인 폐비 윤씨가 1482년에 사약을 받고 죽은 일과 관계되었던 신하들이 연산군의 노여움을 사 화를 입은 사건을 가리킵니다.

개국공신
새롭게 나라를 세울 때 큰 공로
가 있는 신하를 뜻합니다.

호
옛날 사람들이 자기 본명 이외
에 지은 이름으로 서로 허물없
이 부르기 위해 만들었습니다.

데 말이죠! 그러니 이 소송은 나를 세 번 죽이기 위한 재판
이라고 항변하는 것이오!

한명회의 쩌렁쩌렁한 호령에 방청석이 술렁였다.

"쳇! 자기가 한 짓을 생각하면 세 번이 아니라 열 번도
모자라지 아마?"

"얼마나 지은 죄가 많았으면 말썽이 날 때마다 빠짐없이 이름을
올리는 거죠?"

판사 자, 조용히들 하세요. 재판을 앞둔 피고의 심정은 이해가 갑
니다. 하지만 원활한 진행을 위해 피고는 자신이 살아온 행적에 대
해 좀 더 설명해 주세요.

한명회 흠, 그러죠! 아까 가만 듣자 하니 저 남이가 자신이 귀한
혈통이랍시고 꽤나 자랑을 해 대던데 그건 나 역시 마찬가지랍니다.
나의 할아버지는 조선의 개국공신으로, 명나라에 가서 '조선(朝鮮)'
이라는 나라 이름을 승인받아 온 한상질이라는 분이지요. 나의 호는
'압구정(狎鷗亭)'이고요. 오늘날 서울 강남구의 압구정이란 동네 이
름이 내 호에서 나왔다는 사실을 아는 사람이 몇이나 될는지…….
내 명성이 어느 정도였는지 짐작이 가나요? 나는 조선 제3대 임금인
태종 때인 1415년에 태어났소. 가만, 그러고 보니 원고 남이와는 나
이 차이가 무려 스물여섯 살이나 나는군! 옛날이나 요즘이나 젊은이
들이 참 버릇이 없군요, 쯧쯧. 감히 나를 고소하다니. 더군다나 내가

누굽니까? 바로 한명회 아닙니까? 흥!

김딴지 변호사　　　이의 있습니다! 원고는 계속 비아냥거리는 말투로 원활한 재판 진행을 방해하고 있습니다.

한명회　　　거참, 성격도 급하시군요. 내 얘기를 천천히 들어 보시오. 내가 임금도 부럽지 않은 권세를 누렸지만 처음부터 출셋길을 걸었던 것은 아니오. 말하자면 **대기만성**의 사례였지. ▶젊은 시절 나는 청운의 뜻을 안고 나라를 위해 이 한 몸 불살라 보고자 과거 시험에 응시했지만 번번이 떨어지는 아픔을 겪었소. 그러다 38세에 벼슬길에 나아갔지요.

김딴지 변호사　　　듣자 하니 그게 다 조상 덕 아니었습니까? '음보' 말이지요. 개국공신인 할아버지 덕분에 나라에서 관직을 준 것 아닙니까?

한명회　　　뭐, 그렇게 깎아내려도 상관없소. 그건 당시 나라에 큰 공을 세운 집안의 자손에게 당연히 주어지던 것이었으니까. 지금 시각으로 보면 이해하기 힘들겠지만 ▶▶그 당시에는 나라에 큰 공을 세운 조상이 있으면 나라에서 보상해 주는 차원에서 과거에 급제하지 않아도 관직에 나가는 길을 터 주는 것이 관례였소. 하지만 내가 거기에 의존해서 사는 그릇이 작은 인물이 아니라오. 그랬으면 어느 정도 이상을 뛰어넘지 못했겠지요. 나는 누구도 따라올 수 없는 명석한 두뇌와 군사적 감각을 지니고 있어 수양 대군의 눈에 띄었어요. 수양 대군이 단종 임금을 끌어내리고

대기만성
큰 그릇을 만드는 데에는 시간이 오래 걸린다는 뜻으로, 큰 인물은 늦게 이루어짐을 말합니다.

교과서에는

▶ 과거에 응시할 수 있는 자격은 천인을 제외하고는 특별한 제한이 없었습니다. 따라서 양인이 과거에 합격하여 양반으로 신분 상승할 수 있는 기회가 보장되었지요. 하지만 경제적인 여건이나 사회적인 처지로 인해 일반 백성이 과거에 합격하여 관리가 되는 것은 쉽지 않았답니다.

▶▶ 조선 시대의 관리는 과거 시험과 취재, 음서, 천거를 통해 선발되었습니다. 과거에는 문관을 뽑는 문과와 무관을 뽑는 무과, 기술관을 뽑는 잡과가 있었습니다. 하지만 과거를 치르지 않고도 음서를 통하여 벼슬을 할 수 있었습니다.

세조로 등극하는 데 내가 결정적인 역할을 했지요. 이를 역사에서는
'계유정난'이라고 합니다.

판사   역사 기록에 의하면 원고는 그 후 세조의 총애를 받으며 승
승장구하셨다고요?

한명회   그렇소. 나는 세조 임금이 왕위에 오르는 데 세웠던 공을
인정받아 정난공신이 되었소. 그 후 1456년 성삼문을 비롯한 사육신
무리가 세조 임금을 몰아내고 다시 단종을 왕위에 올리려 했던 '단
종 복위 사건'이 일어났고 나는 이 역시 평정했지요. 이 일로 이듬해

이조 판서가 되었고 이어 병조 판서와 우의정, 좌의정을 거쳐 1466년에 의정부에서 최고 높은 벼슬인 영의정이 되었지요.

이대로 변호사　　과연 원고의 권력은 대단했군요.

한명회　　그걸로 끝이 아니었소. 나는 1468년, 바로 이번 재판의 쟁점이 되는 남이의 역모 사건을 파헤쳐 역적 남이를 제거한 공로를 인정받아 **익대공신**이 되었소. 그때는 세조 임금이 죽고 예종 임금에게 왕위가 넘어간 해로, 어린 예종 임금을 보필하며 나의 권력은 절정에 이르렀지요. 두 딸을 예종 임금과 그다음 성종 임금에게 시집보내기도 했으니까.

이대로 변호사　　피고는 두 임금의 장인이었던 셈이군요?

한명회　　그렇소. 하지만 성종의 비였던 내 딸 공혜 왕후가 1474년에 젊은 나이로 세상을 떠나 나는 깊은 시름에 잠겼지요. 그때가 내 나이 예순이었을 거요. 때마침 내 권력을 시샘하던 무리들이 달려들어 나를 비난하는 통에 나는 모든 관직을 내려놓고 한강에 압구정이라는 정자를 지어 그곳에서 조용히 여생을 마무리하려 했지요. 결국 그 압구정 때문에 시끄러운 말년을 보내게 되긴 했지만.

한명회는 목이 마른지 물을 한 모금 마시고 지그시 눈을 감았다.

계유정난
단종이 즉위한 1453년에 수양 대군이 왕이 되려고 반대파를 제거한 사건입니다. 이것이 성공해 수양 대군은 조카 단종을 몰아내고 조선 제7대 왕인 세조가 되었지요.

정난공신
1453년 계유정난 때 단종의 세력을 제거한 공로로 수양 대군, 정인지, 한명회 등에게 내려졌던 칭호입니다.

사육신
1456년에 단종의 복위를 꾀하다가 세조에게 발각되어 처형된 여섯 명의 충신으로 성삼문, 이개, 하위지, 유성원, 유응부, 박팽년을 가리킵니다.

의정부
조선 시대 최고의 행정 기관이자 국가 최고 회의 기관이었습니다.

익대공신
예종이 즉위한 1468년에 남이 장군 사건을 다스린 공으로 신숙주, 한명회 등에게 내려졌던 칭호입니다.

훈구 세력의 형성

이대로 변호사　피고, 수고 많으셨습니다. 판사님! 이쯤에서 피고 한명회의 인물됨과 그의 정치 인생을 좀 더 생생히 알 수 있도록 증인을 한 분 모셨으면 합니다.

판사　어떤 증인이지요?

이대로 변호사　피고의 가장 가까운 친구였던 권람입니다.

판사　권람이라면 원고의 장인이 아닙니까?

이대로 변호사　그 점이 조금 껄끄럽긴 합니다만, 공정한 재판을 위해 사적인 감정을 버리고 증언을 해 주겠다는 동의를 받은 상태입니다.

판사　알겠습니다. 허락합니다.

　판사의 허락이 떨어지자 권람이 법정 안으로 들어왔다. 살아 있는

동안 대단한 권력가였다는 것을 증명하기라도 하듯 권람은 차림새부터 범상치 않았다. 짙은 자주색 관복을 입은 모습이 우의정, 좌의정 시절의 위엄을 내뿜었다.

이대로 변호사는 신이 난 표정으로 권람을 증인석에 앉혔다. 남이의 장인이자 한명회의 오랜 친구였던 권람은 감회가 남다른 모습이었다. 그러다 한명회와 눈길이 마주치자 두 사람의 표정이 환하게 밝아졌다. 권람은 이곳이 법정이라는 것도 잊었는지 한명회에게 먼저 다가갔다. 두 사람은 반갑게 손을 잡고 서로 고개를 끄덕였다.

한명회　아니, 자네 이게 얼마 만인가? 오늘 재판이 끝날 때까지 기다려야 하네. 오랜만인데 어디 가서 회포를 풀어야지!

권람　암, 꼭 그렇게 하겠네! 자네 압구정 정자가 좋을 듯하구먼. 못 가 본 지도 오래되었네그려.

판사　증인! 어서 증인석에 앉아 주세요.

　　권람은 그때서야 이곳이 법정이라는 것을 기억해 낸 것 같았다. 권람은 서둘러 증인석으로 걸음을 옮겼다.

이대로 변호사　증인, 나와 주셔서 정말 감사합니다. 우선 간단한 자기소개를 해 주시지요.

권람　나는 조선 전기의 문신으로 1416년에 태어나 1465년에 역사공화국 영혼이 되었죠. 과거 시험에서 장원 급제를 한 적도 있었고, 나라의 주요 관직을 거치며 남부럽지 않은 권세를 누렸답니다. 저기 앉아 있는 친구 한명회만큼은 아니었지만요. 하하.

이대로 변호사　증인이 피고 한명회를 처음 만난 것은 언제입니까?

권람　정확한 시기는 기억나지 않습니다. 혼인할 무렵이었으니 아마 10대 후반 정도였을 겁니다.

이대로 변호사　그때 피고는 어떤 상황이었나요?

권람　허허. 그 점에 관해서는 할 말이 많습니다. 한명회가 1415년 생이니 나하고는 한 살 차이가 납니다. 그 당시에는 나이 몇 살 차이는 그냥 친구로 지냈기에 나와도 허물없이 지내는 사이가 되었지요.

게다가 한명회는 **예문관 제학**을 지내신 한상질 어른의 손
자입니다. 그러나 나와 처음 알게 된 무렵의 한명회는 동
정할 수밖에 없는 불우한 환경에 놓여 있었지요.

이대로 변호사   왜 그렇죠? 명문가 출신이라면서요?

권람   한명회는 어려서 부모를 모두 여의었습니다. 드넓
은 세상에 자기 몸 하나 의지할 곳이 없는 신세였습니다. 하루는 이
친척 집에서 하루는 저 친척 집에서 밥을 얻어먹고 잠자리를 구걸하
며 지냈습니다. 정 붙일 곳도 없고 마음 붙일 곳도 없는 처지였어요.

예문관 제학
조선 시대에 왕의 명령을 내려
받는 일을 하던 예문관에서 대
제학 다음으로 높은 벼슬입니
다. 대제학은 종2품, 제학은 정
3품이었지요.

이대로 변호사 그야말로 불우한 신세였군요.

권람 그렇습니다. 젊은 시절 한명회가 과거에 거듭 낙방한 것도 차분하게 과거 공부에 매진할 환경이 되지 않았기 때문입니다. 책조차 제대로 사 볼 형편이 되지 못했으니 친구인 내가 봐도 사정이 딱하여 눈물을 감추려고 고개를 돌린 적이 한두 번이 아니었거든요. 휴. 여기에다가 혼인을 한 뒤에는 처가에서도 박대가 심하여 마음 둘 곳이 없었습니다.

이대로 변호사 그런 가운데에서도 학문 수양에 열을 올렸단 말이군요?

권람 그렇습니다. 하루도 학문을 게을리한 적이 없습니다. 뒷날 그때 쌓은 학문이 관직 생활을 통해 찬란하게 빛을 발하지 않았습니까?

이대로 변호사 그렇군요. 증인은 피고와의 관계에서 가장 기억에 남는 일이 무엇인가요?

권람 한번은 한명회와 함께 말 한 마리를 마련하여 서책을 가득 담은 궤짝 대여섯 개를 싣고 떠났지요. 아무래도 한양에 있으면 거치적거리는 일이 많기 때문에 전국의 명승지를 다니면서 마음껏 책을 읽겠다는 포부를 가지고 떠난 길이었습니다.

이대로 변호사 혹시 그 무렵 친구인 피고와 어떤 이야기를 나누었는지 들려주시겠어요?

권람 그때 한명회와 나는 이런 말을 나눴습니다. "남자로 태어나 변방에서 무공을 세우지 못할 바에는 만 권의 책을 읽어 후세에 불후의 이름을 남기자!" 이렇게 말이지요.

이대로 변호사   대단한 결심이었군요. 증인이나 피고는 학문 수양 외에는 아무 욕심 없는 청년 시절을 보낸 선비의 본보기였군요! 그러니까 증인의 말을 종합해 보면 피고 한명회는 의지가 굳고 학문이 깊은 사람이었단 뜻이지요?

권람   그렇습니다. 내 벗에 대하여 후대 사람들이 이러쿵저러쿵 말도 많고 안 좋은 평가도 많이 하고 있다는 것을 나도 잘 알고 있습니다. 하지만 내가 알고 있는 벗 한명회는 그런 사람이 아닙니다. 알고 보면 누구보다 가슴이 따뜻하고 심성이 착한 사람입니다!

가장 친한 벗이라는 권람이 한명회를 착한 사람이라고 하자 방청석에서는 작은 소동이 일어났다.

"어떻게 한명회를 두고 착한 사람이라고 할 수 있지?"

"친구에게는 착하게 굴었나 보지, 뭐."

"초록은 동색이라고 하던데 혹시 증인도 한명회와 같은 부류 아닐까?"

"비슷하니까 친구가 됐을 거야."

판사는 법정의 소란을 잠재우기 위해서 서둘러 재판을 진행했다.

판사   모두 조용히 하세요. 피고 측 변호인은 증인에게 더 신문할 내용이 있습니까?

이대로 변호사   그렇게 험한 어린 시절을 보냈다는 말을 들으니 더 이상 물을 것도 없습니다. 어려움을 경험해 본 사람이 어려운 것을 알고 이해한다는 말이 있지 않습니까? 증인의 말대로 피고 한명회가 착한 심성을 가진 사람이었다는 확신을 가지게 됩니다.

판사 일단 알겠습니다. 원고 측 변호인은 증인에게 신문할 내용이 있습니까?

김딴지 변호사 네, 있습니다.

판사 그럼 증인 신문을 시작하세요.

김딴지 변호사 감사합니다, 판사님. 증인에게 묻겠습니다. 증인은 원고 남이의 장인이 되시죠?

권람 아까 밝히지 않았소?

김딴지 변호사 평소 증인이 본 원고는 어떤 사람이었나요?

권람 잘 기억나지 않소.

김딴지 변호사 믿음이 가는 곳이 있으니 딸과 혼례를 시킨 것이 아닙니까? 그런데 믿었던 벗과 동료들에 의해 사위가 처참한 죽음을 당했다는 사실을 알게 된 뒤 느낌이 어땠나요?

권람 그건 내가 죽고 3년 뒤의 일이고 그런 질문에는 별로 대답하고 싶지 않습니다.

권람의 단호한 말에 김딴지 변호사는 잠시 주춤했다. 이 틈을 놓치지 않고 이대로 변호사가 자리에서 벌떡 일어났다.

이대로 변호사 판사님! 지금 원고 측 변호인은 증인을 압박하고 있습니다.

판사   인정합니다. 원고 측 변호인은 주의하세요.

김딴지 변호사   알겠습니다. 피고가 처음 관직에 나온 것이 몇 살이죠?

권람   정확하게 기억나지 않습니다. 아무튼 나이 서른이 넘어서 한명회는 자신에게 관운이 없다고 여기고 과거를 통해 관직에 나가겠다는 꿈을 접었습니다.

김딴지 변호사   그 당시에는 학문을 한 선비라면 과거에 급제하여 관직에 나가는 것을 당연하다고 여길 때 아니었나요?

권람   다 그런 것은 아니지만 대개는 그랬습니다.

김딴지 변호사   피고는 뒤늦게 관직 생활을 시작했으니 다른 사람들보다 더 빨리 출세해야겠다는 욕심이 많았겠군요?

권람   그런 건 나도 모릅니다. 사람의 본성을 생각하면 잘 알 일을 왜 내게 묻는 거요?

증인 권람은 질문이 날카로워지자 눈에 띄게 김딴지 변호사에게 적대적인 행동을 보였다. 김딴지 변호사의 질문에 권람은 거듭하여 "모르는 일이오", "기억나지 않소"와 같은 말로 대답했다.

김딴지 변호사   증인에게 묻겠습니다. 피고와 증인을 포함하여 훈구 세력이라고 하지요?

권람   세상 사람들이 그렇게 말한다는 것을 들어 본 적은 있습니다.

공신전

조선 시대에 나라에 큰 공을 세운 사람을 '공신'에 책봉하고 상으로 땅을 내렸는데 이를 공신전이라고 합니다.

과전

조선 시대에 나랏일을 맡은 문무 양반들에게 직책과 품계에 따라 지급해 주던 땅을 말합니다. 직책 수행과 관련된 토지이므로 직전(職田)이라고도 합니다.

김딴지 변호사 조선 역사에서 훈구 대신들의 업적은 무엇인가요?

권람 훈구 대신을 훈구파, 혹은 훈구 세력이라고 하는데 사실은 훈구 대신이라고 하는 것이 옳아요. 훈구 대신은 수양 대군을 도와 새로운 왕으로 모신 것이 가장 큰 공이라고 할 수 있습니다. 태조 임금을 도와 조선을 건국한 선배들을 개국공신이라고 하죠? 개국공신들은 새 나라를 연다는 의욕은 대단했지만 국가를 경영해 본 경험이 없어서 모든 면에서 서툴렀다고 할 수 있죠. ▶성종 임금 이후 사림 세력이 등장하지만 그들은 도덕만 부르짖을 뿐 현실 감각이 없었어요. 애송이들이라고 할 수 있죠. 그러니까 조선에서 최초로 등장한 전문 관료들이 나라를 경영한 것이 우리 훈구 대신들이라고 할 수 있습니다. 벗인 한명회 외에도 신숙주, 정인지, 노사신 등 당대 기라성 같은 인물들이 다 훈구 대신들이었습니다.

김딴지 변호사 자부심이 대단하시군요. 그렇게 공을 많이 세웠으니 공신들에게 나눠 주던 공신전이나 관리로 일하면서 받은 과전, 농장 등의 규모도 엄청나겠어요?

권람 그거야 나라와 조선 왕실을 위해 열심히 일한 대가이니 여기서 따질 문제는 아니지요. 우리 훈구 대신들은 그 정도 경제적 지위를 누릴 만한 충분한 자격이 있어요.

김딴지 변호사 그렇다면 혹시 이런 생각은 하지 않으셨나요? 증인이 이승을 떠나 역사공화국 영혼이 된 뒤에 벌

교과서에는

▶ 조선의 문물이 정비된 16세기를 전후하여 '사림'이라는 새로운 정치 세력이 등장합니다. 사림들은 중앙 정치 무대에 진출하면서 기존의 훈구 세력과 대립하지요.

어진 일이지만, 원고를 죽음으로 몰고 간 음모가 훈구 세력이 자신들의 기득권을 유지하기 위해 벌인 일일 수도 있다는 것 말이에요.

권람 아니, 그게 대체 무슨 말입니까? 절대 그런 일은 없었소!

이대로 변호사 판사님! 지금 원고 측 변호인은 원고에게 유리한 증언을 하도록 증인을 유도하고 있습니다.

판사 원고 측 변호인은 판결에 영향을 주는 무리한 증언을 유도하면 안 됩니다.

김딴지 변호사　어차피 드러날 일인데…… 알겠습니다. 하지만 판사님, 우리는 여기서 훈구 세력의 정체가 무엇인지 짚고 넘어가지 않으면 안 됩니다. 원고를 모함한 세력이 바로 그들이었으니까요!

판사　그럼 더 이상의 증인 신문은 없는 건가요? 그렇다면 증인은 퇴장하셔도 좋습니다. 원고 측 변호인, 훈구 세력에 대해 준비해 온 변론이 있으면 진행해 주시지요.

김딴지 변호사　감사합니다. 훈구파는 조선 전기에 왕 가까이에서 벼슬을 하며 만들어진 정치 세력입니다. 그러다가 수양 대군이 조카인 단종을 몰아내고 세조로 등극하면서 이들이 급부상하지요. 세조의 왕위 찬탈을 도우며 세조로부터 그 공을 인정받았기 때문이었습니다. 앞에서 잠시 언급되었듯이 이때 세조의 반대파를 없앤 사건을 계유정난이라고 하지요. 간단히 말하자면 이 계유정난 때 단종을 따르던 충신들을 제거하여 수양 대군이 세조가 되도록 도운 신하들을 훈구파라고 합니다.

판사　그리고 그 중심인물이 피고 한명회였다고요?

김딴지 변호사　네, 그렇습니다. 이들은 성삼문, 박팽년 등의 충신들이 단종 복위 운동을 벌이자 이를 무참히 진압했습니다. 그때 처형당한 여섯 충신을 '사육신'이라고 부르지요. 사육신은 세종 대왕과 문종이 남긴 부탁, 그러니까 어린 단종을 잘 보필해 달라는 간곡한 청을 항상 기억하고 있었습니다. 단종 옆에는 야심만만한 삼촌, 수양 대군이 눈을 번뜩이며 왕위를 노리고 있었거든요. 그런데 피고 한명회가 수양 대군을 찾아가 큰일을 일으키자고 말하며 그를 도왔던 것

　왜 한명회는 남이 장군을 제거했을까?

입니다. 방금 전에 나왔던 증인 권람도 함께 말이지요.

판사   '큰일'이라 하면 수양 대군이 왕이 되도록 하자는 말이었겠지요?

김딴지 변호사   바로 그것입니다. 그렇게 수양 대군, 아니 세조는 왕위를 빼앗는 데 성공했고, 세조를 도왔던 훈구 세력은 똘똘 뭉쳐서 권력과 재물을 싹쓸이하였지요. 공신 전을 받아 대토지를 소유했고, 왕실과 혼인하여 외척이 되거나 훈구 세력끼리 혼인 관계를 맺으며 권력을 단단히 키워 나갔습니다. 결국 이들 훈구 세력을 중심으로 권력이 집중되었지요. 이들은 자신의 세력을 위협하는 새로운 인재들을 무참히 짓밟았습니다. 바로 원고가 대표적인 희생자였습니다. 이 점을 꼭 기억해 주시기 바랍니다!

판사   잘 들었습니다. 재판 첫날인 오늘부터 양측의 기선 제압과 신경전이 만만치 않았습니다. 지금까지 원고와 피고의 일생과 피고가 주축이 되었던 훈구 세력, 그리고 당시 조선의 정치적 상황들을 알아보았습니다. 이를 통해 원고가 소송을 건 이유와 그때의 사건 내용을 이해하는 데 무리가 없었다고 판단합니다. 다음 재판에서는 원고가 죽음에 이르렀던 상황을 좀 더 자세히 짚어 보겠습니다. 모두들 수고 많으셨습니다.

땅, 땅, 땅!

판사가 일어나자 방청객들도 자리에서 일어났다. 이대로 변호사

외척
좁게 보면 왕실의 외가 쪽 친인척을 말합니다. 넓게는 조선 왕가의 성씨인 이(李)씨가 아닌 왕실 친인척을 모두 가리키지요. 조선 시대에는 외척의 세력이 너무 커져서 문제가 되는 경우가 종종 있었습니다.

는 증인 신문에서 피고에게 유리한 진술을 확보했다고 생각했는지 한결 여유 있는 표정이었다. 그러나 김딴지 변호사는 변호인석에서 움직이지 않았다.

'지금까지는 원고나 피고 모두 팽팽한 줄다리기를 했어. 하지만 이제부터 시작이야. 피고의 책임을 입증할 수 있는 확고한 무엇이 필요한데…… 그러자면…….'

"변호사님, 점심 안 드시나요?"

고개를 들어 보니 남이가 책상 앞을 가로막고 서 있었다. 마침 방청석 쪽 창문으로 들이치는 햇살에 남이의 얼굴 윤곽이 더욱 뚜렷하게 보였다.

"뭘 드시겠어요?"

"오늘 점심은 제가 사 드릴게요."

"에이, 장군님이 돈이 어딨어요?"

"팬이라고 해야 하나? 하여튼 그런 후원자들이 나를 자주 도와줘요. 하하. 뭐 드시겠어요?"

"일단 밖으로 나가서 생각해 보죠."

"그럴까요?"

법정을 나서는 두 사람의 모습이 아주 오래된 사이처럼 정다워 보였다.

개국공신과 훈구 공신

조선의 개국공신은 1392년 태조 이성계를 도와 조선 개국에 공을 세운 사람들을 말합니다. 개국공신은 태조에 의해 정해졌으며, 개국공신이 된 자들은 벼슬과 함께 상으로 많은 토지를 받았습니다.

이때 일등 공신이 된 사람들은 조준, 정안군 이방원, 남은, 이제, 정도전, 익안군 이방의, 회안군 이방간 등 총 20명입니다. 이들의 이름을 보면 알겠지만, 태조의 조선 왕조 설립에서 무예에 출중한 자는 무예로, 지략이 뛰어난 자는 지략으로 뒷받침한 사람들입니다.

특히 정도전과 조준은 태조 이성계가 회군하고 난 뒤에 토지 제도를 정비하여 고려 대신들의 자금줄을 차단하여 조선 왕조 개업의 기틀을 닦아 놓았습니다. 물론 고려의 마지막 버팀목이었던 정몽주를 무사들을 시켜 선죽교에서 살해한 정안군 이방원의 공도 무시할 수 없습니다.

개국공신으로 선정되면 많은 혜택을 받았습니다. 큰아들은 공신 직위와 영토를 계승할 수 있었고, 자손 중에 죄를 지어도 용서해 주는 사면권이 주어졌습니다. 아버지, 어머니, 아내의 지위도 올랐으며, 과거 시험에 붙지 못해도 음보로 벼슬길에 나갈 수 있었습니다.

훈구파 혹은 훈구 공신은 조선 전기 양반 관료층 내부에 형성된 하나의 정치 세력으로 관학파라고도 합니다. 이들은 조선 초기 세조의 집권을 도와 공신이 되면서 정치적 실권을 장악했습니다. 그러니까 개국공신이 조선 창업에 공을 세운 사람이라면 훈구 공신은 세조의 집권을 도운 인물들입니다. 개국공신과 훈구 공신 사이에 또 하나의 차이가 있다면, 개국공신은 신봉하는 학문과 사상이 관계가 없었지만 훈구파들은 대부분 성리학을 신봉하였고 이를 나라 운영의 기본으로 삼을 것을 주장하였지요.

훈구파는 이후에도 나라에 정변이나 난이 있을 때마다 깊숙이 개입하여 세력을 키웠습니다. 훈구파는 감히 맞설 세력이 없을 만큼 성장하였습니다. 그러나 중종 이후 사림 세력이 중앙 정치에 진출하면서 사정이 달라졌습니다. 훈구파는 사림들과 나라 운영 방법을 둘러싸고 사사건건 충돌하였습니다. 조선에서는 무오사화, 갑자사화, 기묘사화, 을사사화 등 네 차례의 사화가 발생하였는데 그것은 성장하는 사림 세력에 대한 훈구파의 탄압으로 빚어진 일이었습니다.

훈구파의 대표적 인물로 한명회, 권람, 홍윤성, 정인지, 신숙주, 정창손, 김국광 등을 들 수 있습니다. 이들은 대부분 집현전 출신이라는 공통점을 가지고 있습니다.

세조 이래 공신들을 중심으로 한 집권 정치 세력인 훈구파는 조선의 국가 체계를 정비하고 안정시키는 데 큰 공을 세웠습니다. 하지만 사화를 일으키고 관직과 특권을 독차지하여 경제적 이익을 독점하였으며 부정부패를 일삼는 잘못도 저질렀지요.

왜 한명회는 남이 장군을 제거했을까?

다알지 기자

　　안녕하십니까, 여러분! 빛보다 빠른 뉴
스, 역사공화국 법정 뉴스의 다알지 기자입니
다! 저는 지금 한국사법정 앞에 나와 있습니다. 약
방에 감초라는 말이 있죠? 조선 역사에서 특히 문종과 단종에서 세조,
세조에서 예종, 예종에서 성종까지, 게다가 죽어서는 연산군 시대까지
이름이 오르내리는 인물이 있는데 이분이 바로 이번 소송의 피고인 한
명회 씨입니다. 이번에 남이 장군으로부터 소송을 당했다고 하는데요,
이제 막 첫 번째 재판을 끝내고 나오는 남이 장군과 한명회 씨의 모습
이 보이는군요! 두 분을 모시고 말씀을 들어 보도록 하겠습니다. 이번
재판에 대해 어떻게 생각하십니까?

남이

　　지금 때가 어느 때인데 피고 한명회는 여전히 기세등등하더군요! 나는 한명회와 그의 무리인 훈구 세력이 얼마나 야비하고 잔인했는지 샅샅이 밝혀내고 말 겁니다. 그들은 자신보다 잘나 보이는 사람은 무조건 없애려고 했으니까요. 내가 가장 큰 피해자입니다. 오늘 첫 재판에서는 한명회의 친구 권람이 나와서 한명회가 알고 보면 착한 사람이라고 두둔하더군요. 내 장인이기도 한 분이 정말 너무하십니다. 하지만 손바닥으로 하늘을 가릴 수 있나요? 앞으로 남은 두 번의 재판에서 모든 진실은 명명백백히 가려질 것입니다! 나와 김딴지 변호사가 환상의 짝꿍이 되어 멋진 재판을 펼쳐 보일 테니 모두들 기대해 주세요. 하하.

　　왜 한명회는 남이 장군을 제거했을까?

한명회

흠! 지체 높던 내가 소송을 당해 법원에
출석하려니 체면이 말이 아니오. 방금 기자님
이 말씀하신 것처럼 내 이름이 역사공화국 한국사
법정에 자주 오르내리긴 하지요. 보는 관점에 따라서는 내 이름이 자
주 나오니까 '아, 저 사람은 생전에 말썽을 많이 일으켰나 보다' 이렇게
생각할 수도 있어요. 하지만 내 생각은 다르오. 자주 등장한다는 것은
우리 역사에서 그만큼 한 일이 많았다는 증거 아니겠소? 물론 오해도
많이 받았지요. 이번 소송에서도 나에 대한 오해를 씻어 내는 데 주력
할 생각이오. 그래서 새파랗게 어린 남이가 내게 소송을 걸어 와 괘씸
한 마음이 큰데도 이렇게 나서게 된 것이오. 이번 재판을 통해 아무도
내게 감히 대적할 수 없도록 본때를 보여 주겠소.

남이 장군을 죽인 건 한명회였을까?

1. 남이 장군의 활약과 위기
2. 남이 장군의 죽음

교과 연계

한국사
II. 고려와 조선의 성립과 발전
  2. 유교 정치의 이상을 꽃피운 조선
    (1) 민본 이념을 구현하기 위한
        통치 체제를 갖추다

1

남이 장군의
활약과 위기

    남이 대 한명회의 재판 둘째 날! 두 사람이 치열한 공방을 펼친다는 소문이 역사공화국에 널리 퍼지면서 재판 첫날보다 더 많은 사람들이 몰려들었다. 방청객들은 저마다 한마디씩 거들며 오늘 재판에 대한 기대와 흥분을 나타냈다.

    "지난 재판에서 남이 장군의 늠름한 모습을 보셨나요? 한명회 앞에서도 그 기상은 조금도 약해지지 않더군요! 역시 남이 장군을 응원할 수밖에 없다니까!"

    "흠, 아직 젊은 패기가 남아 있으니 그럴 수도 있지. 하지만 한명회는 결코 만만한 인물이 아니야. 앞으로 남은 두 번의 재판에서 어떻게 될지 아무도 모른다고."

    "그래요. 점점 더 흥미진진해지는데 한번 지켜보자고요."

왜 한명회는 남이 장군을 제거했을까?

법정 안이 방청객들의 웅성거림으로 소란스러운 가운데 판사가 들어오자 법정 경위가 서둘러 장내를 정리했다.

판사   자, 이제 두 번째 재판을 시작하겠습니다. 지난 재판에서는 당시 훈구 세력이 힘을 키우며 새롭게 급부상하던 신진 세력을 탄압했다는 원고 측의 주장이 제기되었습니다. 이 점에 대해서 좀 더 들어 보았으면 하는데요, 원고 측 변호인이 보충 설명을 해 주시겠습니까?

김딴지 변호사   감사합니다! 아주 중요한 대목을 짚어 주셨습니다. 존경하는 판사님, 그리고 배심원 여러분, 원고가 피고 한명회 세력에 의해 억울하게 처형되기 1년 전에 '이시애의 난'이라는 사건이 발생합니다. 원고는 이 반란을 평정하면서 새롭게 떠오르는 샛별이 되어 왕과 백성의 사랑을 받게 되었고 권력욕에 눈이 먼 한명회는 이를 바득바득 갈기 시작했지요!

판사   '이시애의 난'이라고요? 지난 재판 때 원고의 자기소개에서 얼핏 언급되었지요? 그건 어떤 일이었는지 구체적으로 듣고 싶군요.

그때까지 차분히 재판을 지켜보던 남이가 갑자기 손을 들며 발언을 요청했다.

남이   판사님, 그 일은 당시 현장을 진압했던 내가 가장 생생히 알고 있을 것이라고 생각합니다. 내게 설명할 기회를 주시지요!

함길도
북한의 함경도를 가리키던 옛 이름입니다. 우리나라 북동쪽 끝에 위치하고 있지요.

중앙 집권
나라의 통치 권력이 지방에 분산되어 있지 않고 통치자를 중심으로 중앙 정부에 집중되어 있는 것을 말합니다.

교과서에는

▶ 조선 시대에는 전국의 주민을 국가가 직접 지배하기 위해 모든 군현에 수령을 파견했습니다. 수령은 왕의 대리인으로 지방의 행정권, 사법권, 군사권을 갖고 있었지요. 이렇게 수령의 권한이 커진 반면 향리는 수령의 행정 실무를 보좌하는 아전으로 격하되었습니다. 한편 지방 자치를 위하여 설치한 기구가 유향소입니다. 유향소는 수령을 보좌하고 향리를 감찰하여 향촌 사회의 풍속을 바로잡기 위한 기구였습니다.

판사　　좋습니다. 원고는 '이시애의 난'에 대해 상세히 설명해 주세요.

남이　　감사합니다. '이시애의 난'이란 세조 임금이 왕위에 오른 지 13년 되던 1467년, 함길도의 세력가였던 이시애라는 인물이 일으켰던 반란이었습니다. 간단히 말하자면 세조 임금이 훈구 세력과 함께 중앙 집권적 정치를 펼치자 지방 세력가들이 반발했던 것이지요. ▶세조 임금은 권력을 중앙에 집중시키기 위해 지역 유지들의 자치 기구였던 유향소의 자율권을 많이 제한하기 시작했거든요. 그래서 이시애는 유향소를 중심으로 지역 주민들의 불만을 자극하며 이들을 선동하기 시작했습니다. 군대가 이곳에 쳐들어와 함길도 주민들을 다 죽이려 한다고 말이지요. 이 말에 자극받아 흥분한 함길도 주민과 군인들이 들고일어나 다른 지역 수령들을 죽이면서 함길도는 대혼란에 휩싸였습니다.

　　이시애는 사람들을 모아 남쪽으로 내려오기 시작했고, 이에 나는 3만여 명의 군사를 이끌고 이들을 진압하러 갔습니다. 그해 여름은 정말 뜨거웠지요. 용맹과 젊은 혈기로 무장한 나는 이시애의 반란군을 가볍게 무찔렀답니다. 이시애는 곧 목이 잘렸고 함길도에서 일어난 반란은 완전히 평정되었습니다.

판사　　거기서 원고의 공이 매우 컸다는 것이지요?

남이　　그렇습니다. 나는 '이시애의 난'을 평정한 공로를

적개공신
이시애의 난을 진압하는 데 공을 세운 신하들에게 내려진 칭호입니다.

강순
조선 전기의 무신이자 영의정이었던 인물입니다. 남이와 함께 이시애의 난을 평정하고 적개공신 일등에 올랐지만 반역을 꾀했다는 유자광의 모함을 받아 1468년에 남이 장군과 함께 78세의 나이에 처형당했지요.

어유소
조선 전기의 무신으로 1460년 여진 정벌에 큰 공을 세웠고 이시애의 난을 진압하였습니다. 이후 병조 판서에 오르는 등 승승장구했지만 문신들의 견제를 받았습니다.

거열형
죄인의 팔다리를 수레에 하나씩 묶어 몸을 찢어 죽이던 형벌로 중국에서 전래되었지요.

인정받아 **적개공신** 일등에 오르고 의산군에 봉해졌습니다. 백성들의 인기를 한 몸에 모았던 것은 두말할 것도 없고요. 이때 나를 비롯한 **강순**, **어유소** 등이 신진 세력으로 급부상했습니다. 그리고 그 때문에 한명회를 비롯한 훈구 세력의 견제를 받게 되었지요.

김딴지 변호사   판사님, '이시애의 난'이 일어난 바로 다음 해인 1468년, 원고는 훈구 세력에 의해 역모를 꾀했다는 모함을 받습니다. 이는 원고가 신진 세력으로 떠오르자 바로 손을 써야겠다고 생각한 것이 아니고 무엇이겠습니까? 결국 원고는 왕이 되려 했다는 모함을 받고 혹독한 문초를 받은 뒤 대역 죄인에게나 내린다는 **거열형**으로 죽음을 맞이했던 것입니다.

방청객 여기저기서 한숨 소리와 탄식이 터졌다. 분위기가 점점 피고에게 불리해지자 이대로 변호사가 자리에서 벌떡 일어났다.

이대로 변호사   판사님! 원고 측 변호인은 계속해서 감정에 호소하며 피고를 나쁜 사람으로 몰아가고 있습니다. 과연 억울한 사람이 원고뿐일까요? 피고 역시 이번 소송에서 피고가 된 것에 대하여 무척 실망하고 있으며 한편으로는 억울하게 생각하고 있습니다!

판사   이번 재판에 피고가 나올 이유가 없었다는 말씀인가요?

이대로 변호사　　그렇습니다! 먼저 이 점을 밝혀야겠습니다. 피고는 원고의 역모 사건이 터졌을 당시 그 일에 간섭할 위치에 있지 않았습니다. 왜냐하면 피고는 세조가 **승하**하신 뒤에 병약한 예종을 잘 보필하여 조정을 이끌어 달라는 세조의 부탁을 받고 **원로대신**들과 **조정**의 정사를 논하는 것만으로도 정신을 차리지 못할 지경이었습니다. 참고로 사건 당시 피고는 원로대신들의 모임인 **원상**을 이끄는 자리에 있어 죄인을 옥에 가두고 문초하는 시시콜콜한 일에는 관심

승하
왕이나 귀한 신분의 사람이 죽은
것을 말합니다.

원로대신
나이가 많고 덕망이 높은 벼슬
아치를 말합니다.

조정
왕이 신하들과 나랏일을 의논하
고 집행하던 곳을 가리킵니다.

원상
조선 시대에는 왕이 너무 어리면
어린 왕을 보좌하기 위해 원로
대신들에게 '원상'이라는 관직을
주었습니다. 이들은 왕의 비서실
인 승정원에서 어린 왕의 명령을
대신 전하며 여러 행정 기구를
관리했지요.

의금부
조선 시대에 왕의 명령을 받들
어 중죄인을 신문하는 일을 맡
아 하던 관아입니다.

을 가질 겨를이 없었습니다.

이번에는 김딴지 변호사가 자리에서 벌떡 일어났다.

김딴지 변호사　이의 있습니다, 판사님! 시시콜콜한 옥사
라니요? 당시 원고의 사건은 반역을 도모하였다고 하여
역적들을 다스리는 국문으로 이뤄졌습니다. 국문이란 왕
의 중대 관심 사건으로 사건 내용, 문초 내용, 죄인의 발언
등이 모두 왕에게 보고되던 신문입니다. 그런데 원상으로
있던 한명회가 사건 내용을 모른다니요? 있을 수 없는 일
입니다! 만약 한명회의 말대로 사건 내용을 몰랐다면 원상
으로서 자격이 없다는 것을 스스로 인정하는 것입니다.

판사　흥분을 가라앉히세요. 원고 측에도 충분한 변론의
기회를 드리겠습니다. 피고 측 변호인은 계속 발언하세요.

이대로 변호사　판사님의 훌륭하신 진행에 감사드립니다. 나라를
다스리려면 신경 쓸 일이 얼마나 많은데 영의정이자 원상인 피고가
국문까지 직접 간섭하겠습니까? 사람 몸이 서너 개가 되는 것도 아
니지 않습니까? 그것은 불가능합니다. 피고 한명회가 주장하는 것도
바로 그 점입니다! 피고가 당시 조정에서 최고 실력자였다는 것은
맞습니다. 그러나 사건이 일어난 것은 세조가 죽고 예종이 뒤를 이
어 왕위에 오른 첫해였습니다. 조정에서 책임이 막중했던 피고는 의
금부에서 이뤄지는 문초를 일일이 보고받을 시간도 없었고 그럴 필

요도 없었습니다.

김딴지 변호사가 이번에도 도저히 못 참겠다는 표정으로 일어서며 소리쳤다.

김딴지 변호사   지금 피고 측 변호인의 발언은, 피고는 원고를 죽음으로 몰고 간 그 사건에 대해서 잘못되었다고 생각하지만 그 사건에는 관여한 적이 없고 책임질 만한 일도 하지 않았다, 이런 뜻인가요?

이대로 변호사   판사님, 지금 원고 측 변호인은 제 발언 시간에 판사님의 허락도 받지 않고 발언하여 원만한 재판 진행을 방해하고 있습니다.

판사   인정합니다. 원고 측 변호인은 주의하세요.

김딴지 변호사   알겠습니다.

이대로 변호사   피고는 당시 사건에 간섭할 만큼 한가하지 않았고 간섭할 생각도 없었습니다. 피고는 원고가 소송을 제기한 것에 대하여 몹시 불쾌하게 생각하고 있으며, 원고가 억울한 죽임을 당했다고 생각한다면 그렇게 만든 당사자를 찾아 그에게 책임을 물으라고 요구하는 것입니다!

이대로 변호사의 말에 방청석이 시끄러워졌다.

"손바닥으로 하늘을 가리려고 하나? 너무 뻔뻔해!"

"간섭하지 않았다고? 게다가 소송당한 게 불쾌하기까지 하다니!"

방청석의 소란이 계속되자 법정 경위가 법정이 떠나가라 고함을 질렀다.

"모두들 조용히 하십시오! 원만한 재판 진행을 방해하는 자는 법률에 따라 법정 소란 행위로 유치장에 구금시킬 수 있습니다!"

법정 경위의 기세에 눌린 방청석이 찬물을 끼얹은 것처럼 조용해졌다.

판사   그런데 궁금한 것이 있습니다. 피고는 그 당시 원상으로 있었다고 했는데, 원상 제도는 조선 역사에서 딱 한 번, 그 당시에만 있었던 것으로 본 법관은 알고 있습니다. 원상이 출범하게 된 계기와 그 역할을 보다 자세하게 짚고 넘어갔으면 합니다. 이번에는 피고가 직접 설명해 주시겠어요?

한명회   알겠소. 그건 누구보다도 내가 잘 설명할 수 있소. 흠, 이게 그렇소이다. 세조 임금이 승하하시면서 왕위를 예종 임금에게 잇도록 하였지요. 예종 임금은 세조 임금의 둘째 아들입니다. 지금 생각해 보면 세조 임금은 야심만만하고 영특한 분이었으나 자식 복은 그리 많지 않으셨던 것 같소. 왕세자였던 덕종이 세조 임금 즉위 3년 만에 세상을 떠났으니까요.

판사   덕종이라니요? 조선 역사에서 덕종이라는 왕은 없는 것으로 알고 있는데요?

한명회   조선에서는 유교적 관습에 따라 왕위를 계승하지 못하고 일찍 사망한 세자나 왕위를 계승할 예정이었던 사람에게 왕의 존칭을 붙이도록 했소이다. 덕종의 원래 이름은 장이라고 하는데 왕세자로 책봉되었음에도 왕위에 오르기 전에 사망했지요. 그래서 둘째 아들인 예종 임금이 왕위를 계승하였는데 몸이 무척 허약했어요. 세조 임금은 왕세자로 책봉한 뒤에도 늘 그 점을 걱정하여 나와 신숙주 대감, 정인지 대감 등이 **승정원**에 근무하면서 예종 임금을 보필해 줄 것을 부탁하셨지요.

판사   승정원은 왕의 비서 역할을 하는 기관이 아닌가요? 오늘날의 대통령 비서실처럼요. 훈구 대신들이 왜 거기서 근무한 거지요?

한명회   세조 임금의 명이었소. 불안하셨던 거지요.

판사   흠, 비서실에서 왕을 보좌한 것이 아니라 **정무**를 보았단 이야기이군요. 그럼 원상은 왜 생겼으며 그 역할은 무엇이었나요?

한명회   세조 임금이 승하하시기 3년 전이니까 1466년부터 승정원에서 정무를 챙겨 드렸는데 1468년 9월에 갑자기 우리 대신들을 불러 놓고 "원상을 만들어라!"라고 말씀하셨지요.

판사   그럼 그때 예종이 즉위한 건가요?

한명회   그렇소. 세조 임금이 살아 있을 때는 훈구 대신들이 승정원에 나가서, 세조 임금이 승하하신 뒤에는 원상으로서 예종 임금의 정무를 거들어 드린 거지요. 그런데 원상을 만들어 예종 임금을 보필하는 중에 남이 장군이 관계된, 그러니까 적개공신들과 관련된 사건이 터진 거예요.

판사   적개공신은 누구를 말하죠?

승정원
조선 시대에 왕의 명령을 받고 해당 내용을 각 관청에 전달해 주던 기관을 말합니다. 비서실 역할을 했던 셈이지요.

정무
정치적인 업무를 말합니다.

한명회　세조 임금은 살아 계실 때 이시애의 반란을 진압하는 데 공을 세운 사람들을 적개공신으로 봉했소. 이 자리에 있는 남이 장군을 비롯하여 강순, 어유소 등이 바로 적개공신이오. 그런데 세조 임금이 승하하신 뒤 이들이 노골적으로 조정에서 세력을 키워 나가자 이들에 대한 반대 목소리가 높아졌소.

판사　흠, 그렇군요. 그런데 여전히 궁금한 것은, 원상이 설치된 법적 근거와 원상의 역할입니다.

한명회　법적 근거라…… 딱히 그런 것은 없소. 그냥 세조 임금의 유훈이라고 생각하면 됩니다.

판사 그렇다면 어린 단종을 보필했던 김종서, 황보인 등과는 어떻게 다르죠?

한명회 아니, 판사 양반! 어떻게 우리를 그들과 비교합니까? 그들은 삼정승으로 공식 직책을 가지고 있으면서 어린 단종을 꼬드겨 정사를 잘못 이끌었지만, 우리 원상은 의정부 대신들보다 더 높은 위치에서 실질적으로 나라를 경영한 것이오. 그들하고는 급이 다르오!

판사 의정부보다 높은 위치였다면 왕 외에는 감히 간섭할 수 없는 초법적인 기관이었겠군요. 이를테면 왕을 대신하여 나라의 모든 일에 관여하고 방향을 결정짓는 역할을 했을 테니까요.

한명회 말이 그렇게 되나? 어험!

판사 ▶예종이 즉위한 지 14개월 만에 승하하고 성종이 즉위합니다. 성종은 죽은 덕종의 둘째 아들인 잘산군이지요?

한명회 그렇소.

판사 그 후에 원상은 해체되었나요?

한명회 그렇소. 사실은 그 이전부터 해체 수순을 밟기 시작했다고 할 수 있소.

판사 적개공신들을 제거하고 난 뒤에 피고의 위치는 어떻게 되었나요?

유훈
죽을 때 남기는 가르침의 말을 뜻합니다.

김종서
조선 전기의 문신으로 세종 대왕 때 6진을 설치하여 두만강을 경계로 하는 국경선을 확정 지었습니다. 하지만 수양 대군에 의해 살해되어 계유정난의 첫 번째 희생자가 되었습니다.

황보인
김종서와 마찬가지로 6진 개척에 큰 공을 세웠고, 단종을 보좌하다 수양 대군에게 살해당했습니다.

교과서에는

▶ 성종은 건국 이후 문물 제도의 정비를 마무리 지었습니다. 홍문관을 두어 왕과 신하들이 함께 정책을 토론할 수 있도록 하였고, 『경국대전』의 편찬을 마무리하여 반포함으로써 조선 사회의 기본 통치 방향과 이념을 제시하였습니다. 이로써 조선 왕조의 통치 체제가 확립될 수 있었지요.

한명회 영의정으로 복귀했소.

판사 피고는 적개공신 세력을 제거한 공으로 익대공신 1등에 올랐고 공신전 150결을 받은 사실이 있지요?

한명회 그 당시에는 공신이 되면 당연히 나라에서 공신전을 지급했으니까요. 나는 나라에서 주는 대로 받았을 뿐이오.

한명회의 말이 끝나기 무섭게 김딴지 변호사가 손가락을 치켜들며 벌떡 일어났다.

김딴지 변호사 그것 보십시오! 피고가 '이시애의 난'을 평정한 적개공신을 제거했다는 명분으로 공신전을 받았다는 사실을 시인하고 있지 않습니까? 적개공신이 누굽니까? 바로 원고 남이 장군입니다! 남이 장군을 죽음으로 몰고 간 범인이 자신임을 피고 스스로 인정하는 것이지요!

한명회 아니, 저 사람이? 나는 나라에서 주는 대로 받은 것뿐이라고 하지 않았소? 대화가 안 통하는구먼! 흥.

판사 자자, 모두들 진정해 주세요. 원고가 어떻게 적개공신이 되었고 또 피고는 원상으로서 어떻게 조정의 실력자가 되었는지 잘 살펴보았습니다. 두 사람은 언젠간 대립할 수밖에 없는 운명을 타고났던 것 같습니다. 그럼 이만 다음 쟁점으로 넘어가겠습니다.

남이 장군의 죽음

잠시 법정은 찬물을 끼얹은 듯 조용해졌고, 판사가 여러 서류를 뒤적이다 원고를 향해 고개를 들었다.

판사   원고에게 묻겠습니다. 원고는 당시 대단한 집안 배경을 가진 것으로 나와 있습니다. 어머니는 조선 제3대 태종이 총애하던 정선 공주이고, 아내는 당시 훈구파의 어른이라고 할 수 있었던 권람의 딸이었습니다. 혹시 그와 같은 집안 배경이 이후 관직 생활을 하는 데 도움이 되었다고 생각하나요?

남이   나는 어떤 특혜나 도움을 바란 적이 없습니다. 그러나 주변 사람들이 나를 특별하게 보는 것 같긴 했습니다.

판사   그것을 보다 구체적으로 말해 줄 수 있나요?

발영시
조선 세조 12년(1466) 단오절에 현직 중신과 문무 관료에게 실시했던 임시 과거 시험을 말합니다.

모난 돌이 정 맞는다
어떤 사람이 두각을 나타내면 다른 사람의 시기와 미움을 받게 된다는 뜻이랍니다.

남이   흠, 글쎄요. 내가 과거에 급제하여 관직에 나간 후 조정의 수많은 관리들이 직급과 상관없이 나에게 함부로 대하지 못한다는 것을 느낀 적은 있습니다.

판사   그렇군요. 사실 그와 같은 집안 배경을 가진 인물이 관리로 나서면 모든 관리들이 어려워하지 않을까요?

남이   내 나름대로는 말과 행동에 많이 조심하였습니다.

판사   좋습니다. 원고는 **발영시**에도 급제하여 문관으로서의 능력도 인정받았는데, 왜 문관의 길을 택하지 않았나요?

남이   발영시는 현직 관리를 대상으로 실시되는 과거이기에 얼마나 학문이 깊은지를 판가름하는 데에는 무리가 있습니다. 그리고 내가 문관을 택하지 않은 것은 이유가 있습니다. ▶조선은 문관의 나라입니다. 그것은 태조 대왕 이래 나라의 기본 방침으로 정해진 것입니다. 물론 나 역시 문관의 길을 택할 수 있었습니다. 그러나 문관은 굳이 내가 아니더라도 훌륭하게 일할 수 있는 출중한 사람들이 넘쳐났습니다.

그런 까닭에 왕실을 보존해야 할 책무를 지닌 나에게는 문관의 길이 어울리지 않았습니다. 당시 조선은 밖으로는 외적의 침략이 빈번했고, 안으로는 아직도 고려의 관습에서 벗어나지 못하는 지방 호족들이 사병을 이끌고 난을 일으킬 수 있었지요. 그래서 나는 여러 가지를 생각하여 무관으로 나라와 왕실에 충성하는 길을 택했던 것입니다.

교과서에는

▶ 조선 시대에 고위 관원이 되기 위해서는 문과에 합격하는 것이 유리했습니다. 문과에는 3년마다 실시하는 정기 시험인 식년시와 부정기 시험인 별시가 있었지요.

판사   혹시 그 결정이 '**모난 돌이 정 맞는다**'라는 말처럼 되었다고는 생각하지 않으시나요?

남이   뭐, 틀린 말이라고는 생각하지 않습니다.

판사   그렇다면 원고는 나라에 충성하는 방법으로 무관의 길을 택했다고 봐도 됩니까?

남이   그렇습니다.

판사   원고는 집안 배경, 젊은 나이에 이룬 뛰어난 전공, 사람들에게 알려진 품성 등으로 인하여 백성들에게 많은 신망을 얻었습니다. 그런 점이 부담스럽지는 않았나요?

남이   부담으로 다가온 적도 많습니다.

판사   원고에게는 가혹한 질문이 될 수도 있지만 올바른 판결을 위해서 묻는 것입니다. 의금부 옥에 갇혀 있을 때 백성들의 신망과 자신의 미래를 연결하여 생각해 본 적이 있습니까?

남이   있습니다.

판사   무슨 생각을 했나요?

남이   나는 분에 넘치게 백성들로부터 많은 사랑을 받았습니다. 그런데 옥에 갇히고 나서 그것이 독이 될 수도 있다는 것을 깨달았지요. 하늘에 태양이 둘이 있을 수 없듯이, 자신들과 뜻을 달리하면서 백성의 신망을 받는 존재라면 조정의 고관대작들에게는 적이 될 수밖에 없구나, 그런 생각을 하였습니다.

판사   의금부에 투옥되는 순간 살아 나가기는 틀린 일이라는 것을 직감하였다는 말인가요?

남이   그것이 권력의 속성이라는 것을 꿰뚫고 있었습니다.

백성의 신망을 받은 나는 조정의 높은 관리들에게 적이 될 수밖에 없었지요. 의금부 옥에 갇힌 순간 살아 나갈 수 없다는 걸 알았습니다.

판사 마지막으로 묻겠습니다. 원고는 조금 전에 말한 것처럼 가문의 배경이 뛰어났습니다. 그런데 왜 구명 운동을 하지 않은 거지요?

남이 만약 내가 구명 운동을 했다면 조정은 엄청난 혼란에 빠졌을 겁니다. 내 목숨 하나 구차하게 이어 가자고 나라에 누를 끼칠 수는 없었습니다.

　　남이의 의연한 답변에 법정이 잠시 소란스러워졌다. 판사가 소란을 잠재우려는 듯 재빨리 말을 이었다.

판사　자, 모두들 진정해 주시기 바랍니다. 마침 증인 신청이 들어와 있는데요, 분위기를 한번 바꿔 볼까요?

이대로 변호사　이번 증인은 제가 신청했습니다!

김딴지 변호사　피고 측 변호인, 무슨 말씀이세요? 이번 증인은 제가 먼저 신청했어요!

판사　두 분 모두 침착하게 재판에 임해 주세요. 이번 증인은 원고 측과 피고 측 모두 신청한 사람입니다. 차례대로 증인 신문할 시간을 충분히 줄 테니 기다려 주세요. 먼저 원고 측 변호인부터 시작하시죠.

김딴지 변호사　감사합니다. 증인으로 유자광을 신청합니다.

　유자광의 이름이 나오자 갑자기 방청석이 펄펄 끓는 물처럼 들썩이기 시작했다.

　"뭐? 유자광이라고? 이놈! 오늘이 네 제삿날이다!"

　"이미 죽은 사람 제삿날은 따져 뭐하게요? 이승에서 갖은 못된 짓으로 호의호식하며 살았으니 이 법정에서라도 죗값을 치르게 해야죠!"

　"하여튼 볼만하게 됐네요."

　방청석의 분위기가 지나치게 달아오르자 판사도 마땅히 저지할 방법이 없어 저절로 가라앉기만 기다리는 눈치였다. 바빠진 것은 법정 경위였다. 법정 경위는 방청석을 돌아다니며 이야기를 하는 방청객들에게 주의를 주었다. 방청석의 소란이 가라앉은 것은 그러고도 한참의 시간이 지난 뒤였다.

판사   원고 측 변호인, 증인은 출석했습니까?

김딴지 변호사   워낙 말하기를 좋아하는 증인이라 틀림없이 출석했을 겁니다. 하하.

판사   어서 증인을 법정으로 안내해 주세요.

법정 경위 한 사람이 급히 증인 대기실로 걸음을 옮겼다. 잠시 뒤 검은 선글라스를 끼고 지팡이에 의지하여 걸음을 옮기는 유자광이 법정에 들어섰다. 유자광은 법정 경위의 도움을 받아 더듬거리며 증인석에 앉았다. 유자광이 들어서자 방청석은 다시 한 번 술렁거렸다.

"법정에 웬 선글라스 차림이람?"

"소문 못 들었어요? 말년에 눈이 멀었다고 하던데."

"하늘이 있다는 증거네."

판사   증인은 증인 선서를 해 주세요. 그리고 원고 측 변호인, 증인 신문을 진행해 주세요.

유자광   선서! 나는 신성한 한국사법정에서 오직 진실만을 말할 것을 맹세합니다.

김딴지 변호사   증인, 나와 주셔서 감사합니다. 그럼 시작하지요. 증인의 출생 연도 칸이 비어 있는데 정확한 출생 연도가 언제입니까?

유자광   글쎄 그게, 이리로 이사한 날은 알겠는데 언제 저쪽 세계에 태어났는지는 도통 기억이 나지 않아서 잘 모르겠습니다.

김딴지 변호사   증인이 **서자** 출신이기에 기록이 남아 있지 않은 것이 아닌가요?

판사 　원고 측 변호인, 이번 재판과 관계없이 증인의 개인적인 일을 들춰내어 공격하면 안 됩니다.

김딴지 변호사 　존경하는 판사님, 개인적인 일을 들춰내려는 것이 아니라 이후 증인의 행적을 설명하는 데 도움이 되기 때문입니다.

판사 　그렇다면 계속하세요.

김딴지 변호사 　이 세계로 이사한 것은 언제입니까?

유자광 　중종 7년이니까 1512년입니다.

김딴지 변호사 　증인은 1506년, 연산군의 포악한 정치에 반대하여 이른바 **중종반정** 사건에 공을 세우며 정국공신 1등, 무령봉원군에 봉해진 사실이 있지요?

유자광 　그렇습니다.

김딴지 변호사 　그런데 왜 불과 2년도 지나지 않은 1507년에 경상도 **평해**로 귀양을 가게 되었지요?

유자광 　그 일이라면 나도 할 말이 많습니다. 언론을 담당하고 학문이나 연구할 **홍문관** 관리들과 임금의 교지나 작성하고 받아 적어야 할 예문관 관리들이 나를 쫓아냈기 때문이었죠! 그들이 내 벼슬을 빼앗고 나를 내쫓아야 한다고 주장했어요. 나 원 참!

김딴지 변호사 　홍문관이나 예문관 관리들이 들고일어나기 전에 백성들과 선비들의 원성과 상소가 끊이지 않았다는 것은 왜 밝히지 않습니까?

서자
조선 시대에는 본부인에게서 태어난 아이를 적자라고 하고 부인 외의 여자에게서 태어난 아이를 서자라고 했습니다. 당시에는 서자에 대한 차별이 매우 심했지요.

중종반정
성희안, 박원종 등이 포악한 연산군을 몰아내고 성종의 둘째 아들인 진성 대군을 왕으로 추대하여 중종이 되게 한 사건을 말합니다.

평해
경상북도 울진의 옛 이름입니다.

홍문관
조선 시대에 궁중의 경서, 문서 따위를 관리하고 왕의 자문에 응하는 일을 맡아보던 관아입니다.

유자광   나 같은 고위 관리가 일개 서생이나 백성의 움직임을 어찌 알겠습니까? 그런 거엔 관심 없습니다. 흥!

이때 이대로 변호사가 손을 들었다.

이대로 변호사   판사님! 지금 원고 측 변호인은 이번 사건과 관련 없는 질문을 하며 증인을 믿을 수 없는 사람으로 몰아가고 있습니다.

판사   인정합니다. 원고 측 변호인은 본 사건과 관련된 질문만 해 주세요.

김딴지 변호사   관련 없는 것이 아닙니다. 본격적인 증인 신문을 하기에 앞서 필요한 질문들이었습니다. 그렇게 들렸다면 주의하겠습니다.

판사   증인 신문을 계속하세요.

김딴지 변호사   다시 증인에게 질문하겠습니다. 증인은 피고 한명회에 대한 권력 남용 상소를 올리기 전까지만 해도 피고와는 가까운 사이였죠?

유자광   가까운 사이라뇨? 쳐다보기도 힘든 높은 관직에 계신 어른으로 내가 받들어 모시고 있었습니다.

김딴지 변호사   그렇다면 원고의 옥사가 일어난 1468년, 증인의 직책은 무엇이었습니까?

유자광   병조 정랑으로 근무하고 있었습니다.

김딴지 변호사   구체적으로 하는 업무가 무엇이었지요?

유자광　에이, 뭘 그런 것을! 내 인생에서 두 번째로 낮은 하급 관리였는데요. 흠…… 굳이 밝히라면 병조 소속으로 궁 안에 살면서 재능 있는 무관을 추천하는 자리였습니다.

김딴지 변호사　그러면 원고의 휘하였다고 볼 수도 있겠군요?

유자광　따지자면 그렇죠. 세조의 명이 취소되었지만 한때 병조 판서까지 임명되셨으니 그렇다고 봐도 좋습니다.

김딴지 변호사　병조 판서가 아니더라도 1468년 당시 남이 장군이 겸사복장이었으니 상관이 맞죠?

유자광　맞습니다.

김딴지 변호사　증인은 숙직을 하다가 우연히 같은 날 근무를 하던 원고의 혼잣말을 엿들었죠?

유자광　흠! 엿들은 것이 아니라 들린 것입니다.

김딴지 변호사　그때 원고가 뭐라고 했나요?

유자광　그 말은 지금도 생생하게 기억합니다. 남이 장군은 가만히 먼 하늘을 바라보다가 "낡은 세상이 가고 새로운 세상이 올 것이다"라고 말했지요.

갑자기 김딴지 변호사가 남이를 향해 몸을 휙 돌리며 말했다.

김딴지 변호사　그러면 원고에게 묻겠습니다. 그런 말을 한 사실이 있나요?

휘하
장군의 지휘 아래에 딸린 군사를 말합니다.

겸사복장
조선 시대에 국왕의 호위를 담당했던 '겸사복'의 종2품 무관직을 말합니다. 주로 궁궐의 경비와 순찰, 국왕 행차 시 호위 등의 임무를 수행하였습니다.

남이   네, 그런 말을 한 적이 있긴 합니다. 그날 밤 숙직을 하다가 밤하늘을 올려다보니 북쪽 하늘에 새로운 별이 하나 떠 있더군요. 그것을 보고 한 말이지 다른 뜻은 전혀 없었습니다.

김딴지 변호사   그랬군요. 다시 증인에게 묻겠습니다. 그러면 원고의 그 말을 듣고 증인은 어떻게 하였나요?

유자광   그 당시 백성들이나 후대 역사에서는 그 일을 두고 말도 많고 오해도 많습니다. 하늘이 무엇을 뜻합니까? 그 당시에는 하늘을 함부로 들먹이면 큰일 났습니다. 성리학의 가르침대로라면 하늘이 바로 만백성을 다스리는 임금을 뜻하는 거 아닙니까? 난을 일으킨 무리들이 '하늘의 뜻이다'라고 말하는 이유가 있습니다. 하늘은 곧 제왕을 상징하고 정의를 뜻하기 때문입니다.

김딴지 변호사   그럼 증인은 원고의 말을 듣고 새로운 세상이란 곧 조선 왕실을 무너뜨리고 새 왕조를 열 각오라고 여겼던 것입니까?

유자광   그렇습니다.

김딴지 변호사   그 말을 듣고 난 뒤에 어떻게 했습니까?

유자광   조정의 상급 관리에게 그 사실을 알렸습니다.

김딴지 변호사   조정의 상급 관리는 누구를 말하죠?

유자광   하도 오래전 일이라 잘 기억나지 않습니다. 하여튼 조정의 대신들이었습니다.

김딴지 변호사   직접 그 일을 알렸나요?

유자광   그렇게 좋은 건수를 누구를 내세워 대신 알리는 바보가 있습니까? 내가 직접 알려야 공을 인정받지요.

정쟁
정치인이 자신과 뜻이 다른 당파와 싸우는 것을 뜻합니다.

김딴지 변호사 직접 찾아가서 말했는데 누구인지는 기억나지 않는다? 참 이상한 일이군요. 판사님! 우선 여기서 증인 신문을 마치고, 피고 측 변호인이 신문을 마친 뒤에 추가 신문을 요청합니다.

판사 받아들입니다. 피고 측 변호인, 증인 신문 시작하세요.

이대로 변호사가 증인 유자광 앞으로 걸어 나왔다.

이대로 변호사 존경하는 판사님! 먼저 말씀드릴 것이 있습니다. 증인은 평생 동안 모함과 아부, 정쟁을 일으켜 출세한 자입니다. 나중에 직위가 올라가자 상관으로 떠받들던 피고 한명회까지 모함했지요! 먼저 그 점을 밝히고 증인 신문을 시작하겠습니다.

유자광 어허! 이건 원, 사람을 불러 놓고 이렇게 모욕을 줄 수가 있나!

판사 피고 측 변호인, 재판 결과에 영향을 줄 수 있는 발언은 삼가 주세요.

이대로 변호사 존경하는 판사님! 필요하기에 밝힌 것입니다. 증인의 첫 관직은 무엇이었습니까?

유자광 나 원 참, 창피해서……. 경복궁 건춘문의 경비 책임을 맡은 군사인 갑사였습니다.

이대로 변호사 무관 중에서도 가장 하급 관리이죠?

유자광 관리도 아니죠. 그냥 직업 군인이었다, 이렇게 생각하면 됩니다.

이대로 변호사　　그 후에 무관 관리인 병조 정랑이 되었는데, 상당한 승진이었습니다. 까닭이 있었나요?

유자광　　아…… 그것은 모두 세조 임금의 은혜를 입은 덕입니다.

이대로 변호사　　구체적으로 말씀해 주시죠.

유자광　　함길도에서 역적 이시애가 난을 일으켰을 때의 일입니다. 교활한 이시애가 조정에서 훈구 대신들이 역모를 꾀하고 있다고 거짓말하면서 세력을 키워 중앙군에서도 감히 대적할 생각을 못했는데 내가 세조 임금 앞에 나가 말했지요. 내게 기회를 준다면 반란 괴수 이시애의 목을 바치겠노라고 말이에요. 내 말에 감명받은 세조 임금께서는 내게 중앙 진압군과 조정 간의 연락 임무를 맡기셨어요. 결국 난이 진압되었고 그 뒤에 나는 병조 정랑이 될 수 있었지요.

이대로 변호사　　그럼 병조 정랑으로 있었다는 말인데 피고 한명회 같은 조정 대신들을 볼 기회가 있었습니까?

유자광　　웬걸요. 경복궁 건춘문 갑사일 때는 입궐할 때나 퇴궐할 때 대신들을 볼 기회가 있었지만 그 후에는 대신들 근처에도 갈 수 없었답니다.

이대로 변호사　　틀림없죠?

유자광　　틀림없습니다.

이대로 변호사　　그러면 피고 한명회가 아닌, 단지 증인의 고발로 원고 남이 장군에 대한 문초가 시작된 것이 맞죠?

유자광　　네, 맞습니다.

이대로 변호사　　그때 증인은 무엇을 했나요? 단지 고발만 하고 다

대질 심문
원고, 피고, 증인을 대면시켜 서면이나 말로 진술할 기회를 주는 일을 말합니다.

시 병조 정랑 직책으로 돌아갔나요?

유자광　아니요. 남이 장군을 문초하는 자리에 직접 참석했습니다.

이대로 변호사　직책이 다른데 직접 신문에 참가한 이유는 뭐죠?

유자광　그러니까 그때 겸사복장이었던 남이 장군과의 **대질 심문**도 필요했고, 또 남이 장군이 자꾸 그런 뜻으로 말한 게 아니라고 하니까 증인으로서 내가 필요하다고 의금부에서 요청해 참석한 것입니다.

이대로 변호사　의금부 말고 다른 곳에서는 문초에 참가하라는 지시를 받지 않았습니까?

유자광　기억나지 않습니다. 그리고 당시 누가 지시를 내렸는지 알 만한 위치에 있지도 않았습니다.

이대로 변호사　이 시 기억나시죠?

이대로 변호사가 증인에게 시 한 편이 적힌 종이를 내밀었다. 그러나 곧 증인 유자광이 앞을 보지 못한다는 사실을 기억해 냈다.

이대로 변호사　증인의 몸이 불편하기에 제가 대신 읽도록 하겠습니다. 이 시는 원고가 여진족을 토벌하면서 직접 짓고 읊은 시입니다.

백두산의 돌은 칼을 갈아 다 없애고(白頭山石磨刀盡)

두만강 물은 말에게 먹여 없애리(豆滿江水飮馬無).

사나이 스무 살에 나라를 평정하지 못하면(男兒二十未平國)

후세에 누가 대장부라 일컬으리오(後世誰稱大丈夫).

시를 다 읽은 이대로 변호사는 유자광 앞으로 바짝 다가갔다.

이대로 변호사　　기억나죠?

유자광　　기억납니다.

이대로 변호사　　그때 증인은 셋째 줄 마지막 구절의 '미평국(未平國)' 즉 '나라를 평정하지 못하면'이라는 원래 뜻에서 평(平)을 '얻을 득(得)'으로 바꿔 '미득국(未得國)' 그러니까 '나라를 얻지 못하면'이라고 거짓으로 보고했지요?

유자광　　그때 내가 잘못 보았나? 눈이 나빠서 원…… 그리고 시는 해석하기 나름 아닙니까?

이대로 변호사　　원고를 고발하고 직접 문초에 참가했는데도 자백을 받지 못하자 증인이 억지로 만들어 낸 것 아닙니까?

유자광　　흠…… 잘 모릅니다. 어쨌든 나는 그렇게 해석했습니다.

다시 방청석 여기저기서 야유가 터져 나왔다. 법정 경위가 방청객들을 진정시키기 위해 두 눈을 부릅떴다. 방청석의 소란이 가라앉는 기미가 보이자 이대로 변호사는 신문을 계속했다.

이대로 변호사   그러면 원고를 거열형에 처하라는 지시는 누가 했습니까?

유자광   거열형 같은 무시무시한 형벌은 임금이 직접 허락해야만 합니다. 요즘 이승에서 사형 집행은 대통령이 결재해야만 하는 것과 같습니다.

이대로 변호사   그럼 증인은 당시 왕인 예종이 누구에게 그와 같은 지시를 내렸는지 모른다는 것입니까?

유자광   그렇습니다.

왜 한명회는 남이 장군을 제거했을까?

이대로 변호사　　그 당시 조정 대신들은 원고의 역모 죄를 인정하는 분위기였나요?

유자광　　그렇습니다.

이대로 변호사　　자, 이곳에 계신 여러분, 지금 보고 들으신 그대로입니다! 원고를 역모 죄로 몰아간 것은 피고 한명회가 아니라 바로 증인 유자광입니다! 출세욕에 눈이 먼 증인이 우연히 들은 이야기를 멋대로 바꾸고 나중에는 없는 증거까지 만들어 낸 사건이었단 말입니다! 물론 조정의 대신들이 증인의 말만 믿고 원고를 의심한 것도 잘못입니다. 하지만 이렇게 완벽한 증거를 들이대는 데 어떻게 안 믿을 수가 있겠습니까? 그러므로 이번 사건은 증인 유자광 한 사람에 의한 조작극임이 분명합니다. 이상으로 증인 신문을 마치겠습니다.

"뭐야? 그 엄청난 사건을 유자광 혼자 일으켰다는 거야?"

"이거야 말이 되는 소리를 해야 믿지."

"맞아. 유자광 저자가 또 술수를 부리는 것이 틀림없어."

이때 김딴지 변호사가 일어섰다.

김딴지 변호사　　존경하는 판사님, 이번에는 저희 원고 측에서 마지막 증인 신문을 하겠습니다. 높은 관심을 가지고 한국사법정을 찾아 주신 방청객 여러분! 진실은 밝혀지게 되어 있습니다. 흥분을 가라앉히고 잠시만 기다려 주십시오. 증인에게 묻겠습니다. 증인은 원고를 역모 죄로 몰아 죽음에 이르게 한 뒤에 어떤 보상을 받았습니까?

유자광   잘 기억나지 않습니다. 흥! 역사의 증인이 되려고 힘든 발걸음을 하였더니만 이 재판은 나를 죄인으로 몰아가고 있군! 기분 나빠서 대답할 맛도 나지 않습니다.

김딴지 변호사   흠, 기억나지 않는다고요? 증인은 살아 있는 동안 수많은 모함, 정쟁으로 보상도 엄청나게 받았으니 잘 기억이 나지 않을 만도 합니다. 제가 알려 드리죠! 증인은 역사에서 말하는 '남이의 옥사'가 처리된 뒤에 익대공신 1등과 무령군에 봉해졌습니다. 기억나십니까?

유자광   음…… 그건…… 이제 기억이 나는 것도 같습니다.

김딴지 변호사   공신 책봉은 어떻게 이루어집니까?

유자광   나중에 내가 높은 자리에 오르고 나서 알았습니다. 신하들이 공이 있는 자를 골라 임금에게 올리면 임금이 최종 결정을 하여 교지를 내립니다.

김딴지 변호사   그 신하들이 누구입니까?

유자광   어전 회의에 들 수 있는 신하이니 종2품 이상, 정3품인가? 잘 기억나지는 않지만 그 정도 될 것입니다.

김딴지 변호사   그렇다면 당시 세조의 유훈으로 원상의 지휘자이던 피고 한명회도 그 자리에 당연히 참가했겠군요?

유자광   그, 그렇다고 봐야겠죠.

김딴지 변호사   조금 전에 증인은 의금부에 파견 나가 문초 과정에 직접 참여했다고 하셨죠?

유자광   네, 그랬습니다.

김딴지 변호사   제가 조사한 바에 의하면 원고는 갑자기 역모 죄로 옥에 갇히고 가혹한 고문과 문초를 당했다고 합니다. 당시 원고의 가문이나 명망 등을 생각할 때 단순히 의심이 간다고 해서 그런 일이 가능할 수 있습니까?

유자광   그건…… 증거가 워낙 확실하니까요!

김딴지 변호사   지금 증인이 내놓은 증거가 증거로서 가치가 있다는 말입니까?

유자광   흠…….

김딴지 변호사   의금부 도사를 지휘하는 것은 누구입니까?

유자광   의금부를 책임진 판사가 종1품이니 아마 정1품 이상이 되어야 할 겁니다.

김딴지 변호사   정1품은 누구입니까?

유자광   삼정승이라 하여 영의정, 좌의정, 우의정입니다.

김딴지 변호사   피고가 했던 원상은 어디에 해당합니까?

유자광   선왕인 세조의 유훈에 따라 어린 예종을 대신하여 모든 정치를 관장했으니 삼정승보다 위라고 봐야죠.

김딴지 변호사   그럼 피고가 이 일에 연루되지 않았다고 할 수 없겠군요.

　　유자광의 진술을 이끌어 낸 김딴지 변호사가 회심의 미소를 지으며 이번에는 피고석을 향해 몸을 돌렸다.

김딴지 변호사　　그럼 이번에는 피고에게 한 가지 묻겠습니다! 피고는 원고와 관련된 '남이의 옥사'를 다스린 공으로 이듬해인 1469년에 익대공신 1등에 책봉되고 원상 제도가 없어지면서 다시 영의정이 되었죠?

한명회　　어험! 흠! 흠!

김딴지 변호사　　모두가 알고 있는 사실입니다. 피고는 당시 가장 높은 지위에 있었고 공신으로도 책봉되었어요. 그런 피고가 이 사건과 관련이 없을 수 있을까요? 종1품인 의금부 판사를 멋대로 주무르면서 미리 정해 놓은 대로 사건 문초 결과를 내놓으라고 할 사람이 그 당시 조선에 누가 있었을까요? 원상에게 결재권을 내준 나이 어린 예종이었을까요? 아니면 당시 최고 실력자였을까요? 누구일까요?

김딴지 변호사는 마지막 질문을 던진 뒤에 피고와 이대로 변호사를 바라보았다. 그들은 김딴지 변호사와 눈길이 마주치는 것을 피했다. 김딴지 변호사는 방청석을 바라보았다. 남이가 가여워 어깨를 들썩이며 눈물을 훔치는 방청객도 있었다. 반면에 남이는 꼿꼿하게 처음 자세 그대로 앉아 있었다.

김딴지 변호사　　우리는 증인의 증언을 통해 중요한 사실을 확인할 수 있었습니다. 조선 시대에는 신분 제도가 엄격하였지만 중요 사안이 있으면 직접 당사자를 찾아가서 사실을 이야기하고 논의를 하는 풍습이 있었습니다. 그런 점에서는 오히려 지금보다 더 최고 권력자와 만나기 쉬웠던 것이 조선 시대입니다.

▶증인의 말대로 왕이 나라를 다스리는 조선에서 역모 죄는 가장 큰 죄입니다. 그런 죄를 다스리는데 왕이나 최고 실력자를 통하지 않을 수 있을까요? 당시 예종이 나이가 어렸으니 최고 실력자가 허락하지 않으면 역모 죄를 다스리기도 힘들고 거열형에 처할 수도 없었을 것입니다. 이것은 상식이라고 할 수 있습니다.

판사   피고 측 변호인, 증인 신문이 끝났습니까?

김딴지 변호사   한 가지 더 남았습니다. 증인! 죽고 나서 증인에 대한 역사의 평가, 사람들의 평가를 들으니 어떻습니까?

유자광   몹쓸 짓도 많이 하고 죄를 많이 지었다는 생각이 듭니다. 나로 인해 피해를 본 모든 분들에게 진심으로 사과를 드립니다.

김딴지 변호사   뒤늦게라도 후회하신다니 다행이군요. 하지만 역사라는 것은 지나고 난 뒤에 아무리 후회해도 소용 없답니다. 이상으로 증인 신문을 마치겠습니다.

유자광   잠깐만요! 변호사님, 잠깐만 시간을 주십시오.

김딴지 변호사는 영문을 모르겠다는 듯 두 눈을 크게 뜨고 유자광을 바라보았다. 그 사이에 유자광은 흐르는 눈물을 손수건으로 닦았다. 얼마나 서럽게 울어 대는지 아무도 말릴 엄두를 내지 못했다.

유자광   사람들은 모두 입을 모아 나를 욕하지만 내가

교과서에는

▶ 조선 시대에 범죄 가운데 가장 무겁게 취급된 것은 반역죄였습니다. 이 같은 범죄를 저지르면 본인은 물론이고 부모, 형제, 처자까지 함께 처벌받는 연좌제가 시행되었지요. 심한 경우에는 범죄가 발생한 고을의 호칭이 한 등급 낮아지고 고을의 수령이 파면되기도 했습니다.

얼마나 외롭고 불쌍하게 지내고 있는지는 아무도 모를 겁니다. 내 덕분에 왕위에 오른 중종은 왕이 된 뒤에 나를 내쳤어요. 관리들과 선비들의 상소를 이유로 나를 강원도 관동 지방에 유배시켰지요. 귀양은 기간이라도 정해져 있지만 나에게 기약도 없는 유배를 보낸 것입니다. 그것으로도 모자라 관동 지방이 한양에서 가깝다는 이유로 다시 먼 경상도로 내 유배지를 옮겼습니다. 이러니 내가 어찌 분하고 속이 터지지 않을 수 있겠어요? 그때의 내 분노는 하늘을 찌를 듯했답니다. 휴. 내가 눈이 먼 것도 그때 너무 분한 나머지 신경을 많이 써서 그렇게 된 것이라고요.

판사 자, 증인의 심정은 잘 알겠습니다. 벌써 시간이 많이 지났군요! 지금까지 원고 남이가 '이시애의 난'을 평정한 뒤 신진 세력으로 떠오르고 이후 역모 혐의로 투옥되기까지의 과정을 살펴보았습니다. 오늘 재판은 일단 여기서 마무리하고, 다음 재판에서는 좀 더 사건의 진실에 다가갈 수 있게 되기를 기대합니다. 원고 남이가 피고 한명회에 대해 처벌과 배상을 요구한 소송의 두 번째 재판을 마치겠습니다.

땅, 땅, 땅!

판사가 퇴정하자 방청석을 가득 메웠던 방청객들이 한꺼번에 빠져나가기 시작했다. 피고 출입문을 통해 법정을 나가는 이대로 변호사와 한명회의 얼굴이 붉게 상기되어 있었다. 한명회와 이대로 변호

왜 한명회는 남이 장군을 제거했을까?

사는 오늘 재판 진행이 그다지 유리하지 않았다고 생각하는 듯했다.

"계획대로 잘되어 가는 것 같나요?"

법정을 둘러보는 김딴지 변호사 앞에 불쑥 나타난 남이가 물었다. 김딴지 변호사는 얼굴에 홍조를 띠며 말했다.

"아직까지는 그래요. 하지만 더 두고 봐야죠. 이대로 변호사를 많이 겪어 봐서 알지만 그렇게 호락호락한 상대가 아닙니다. 다음 재판에서 어떤 전략으로 나올지 대비를 단단히 해야 합니다."

"김 변호사님만 믿습니다!"

"아이, 뭘요. 장군님이 워낙 신망이 높으시니 잘될 거예요."

"그럼 저는 이만."

남이가 뒷문으로 법정을 빠져나갔다. 그 뒷모습을 지켜보는 김딴지 변호사의 눈이 초롱초롱 빛났다.

조선의 장군들

조선 시대의 지배 계급인 양반은 문관 벼슬인 동반과 무관 벼슬인 서반을 합한 말입니다. 그러니까 문관이나 무관 모두 조선을 대표하는 지배 계층이었던 것입니다.

그러나 이것은 조선 초기까지의 일입니다. 무관이 양반으로 우대받던 것은 역시 무장 출신이었던, 조선을 건국한 태조 이성계와 태종 이방원에 이르기까지 3대 왕 동안이었습니다. 그 후에는 전투나 전쟁에서도 무관이 문관의 지휘를 받게 됩니다. 조선 중기 일본이나 청나라와의 전쟁에서 모두 문관이 군대를 총지휘하였던 것도 이와 같은 영향 탓이었습니다.

무관은 문관과 마찬가지로 과거 시험을 통하여 선발되었습니다. 그러나 시간이 갈수록 문관을 등용하는 과거 시험에 비해 중요하게 여기지 않게 되었습니다. 무관을 멸시하는 풍조에 군역 제도까지 허물어지면서 조선은 중기 이후 전쟁에서 큰 낭패를 당했습니다.

정1품, 종1품과 같이 정과 종이 엇갈리는 품계에서도 무관은 항상 문관에 비해 아래 등급이었습니다. 조선 시대의 품계를 가장 자세하게 밝히고 있는 책은 『경국대전』입니다. 『경국대전』에 따르면 무관 중 가장 높은 품계가 종2품이었습니다.

그러나 종2품 벼슬은 순수한 무관 출신은 오르기 힘들고, 문관이 군대를 통솔하는 종2품을 겸직하는 것이 보통이었습니다. 북방 국경 지역과 한성 등을 책임지는 오위도총부, 병마절도사, 왕을 호위하는 어영대장, 수도 한성의 치안과 경비를 책임진 포도대장 등이 종2품 벼슬이었습니다.

순수한 무관 출신이 승진할 수 있는 한계는 정3품이었습니다. 종2품이 각 지역 감사(관찰사, 현재의 도지사)라는 것을 생각하면 직책이 낮았다는 것을 알 수 있습니다.

참, 이순신 장군이 임진왜란 때 3도 수군통제사였죠? 그것을 수군절도사라고도 하는데, 그때 이순신 장군의 품계가 정3품이었습니다.

남이 장군이 이시애의 난을 평정한 뒤에 세조가 정2품에 해당하는 병조 판서 자리에 임명하였으니 조정은 물론이고 온 나라 백성들이 떠들썩했던 것을 이해할 수 있을 것입니다.

다알지 기자

저는 지금 최근 많은 사람들의 관심이 집중
되어 있는 남이 장군과 한명회 간의 재판이 벌
어지고 있는 현장에 나와 있습니다. 두 번째 재판인
오늘, 예상했던 것처럼 법정 분위기는 매우 뜨거웠던 것으로 전해지
고 있습니다. 더군다나 이번에는 남이 장군을 처음으로 밀고했다고
전해지는 유자광이 증인으로 출석해 양측의 열띤 질문을 받았다고 하
지요? 아, 지금 막 재판을 끝내고 나오는 양측 변호인 두 분이 보이네
요! 오늘 재판 소감을 한번 들어 보겠습니다.

왜 한명회는 남이 장군을 제거했을까?

김딴지 변호사

　오늘도 우리 남이 장군을 응원하러 온 방청객들의 열기가 매우 뜨거웠습니다. 이에 힘입어 저번보다도 더 힘차게 변론을 펼칠 수 있었지요. 무엇보다도 남이 장군이 '이시애의 난'을 평정하며 큰 활약을 보인 것을 알릴 수 있어 뿌듯했습니다. 그리고 피고 한명회가 어린 예종을 보좌한다는 명목으로 원상의 자리에 군림하면서 남이 장군을 비롯한 신진 세력을 얼마나 핍박했는지 충분히 고발했다고 생각합니다. 무엇보다도 유자광을 증인으로 세워 피고가 남이 장군의 문초에 관련되어 있다는 사실을 이끌어 낸 것이 가장 큰 소득이었지요. 승리는 남이 장군의 것임이 점점 더 확실해지는군요. 하하.

이대로 변호사

　　원고 측 변호인이 무언가 대단히 착각하고 있나 봅니다! 오늘 재판은 명백히 우리 피고 측에서 주도권을 잡았다고 생각합니다. 우리도 증인 유자광을 신청해 매우 결정적인 증언을 이끌어 냈지요. 바로 남이 장군을 고발한 당사자가 피고 한명회가 아니라 유자광이었다는 사실 말입니다. 이번 재판에서 남이 장군의 시를 유자광이 제멋대로 고쳐서 보고했다는 사실을 밝혀낸 것이 가장 뿌듯하군요. 게다가 여러 차례 힘주어 설명했듯이, 당시 피고는 원상의 자리에 올라 국정 운영 경험이 없는 어린 임금을 보필하느라 눈코 뜰 새가 없었답니다. 그런데 젊은 장수의 일에 일일이 간섭할 겨를이 있었겠어요? 피고의 이러한 입장이 충분히 전해졌으리라 생각합니다.

그림으로 살펴본 한명회의 삶

이름 있는 가문에서 태어났지만 보잘것없는 자리에서 세월을 보내야 했던 한명회. 하지만 수양 대군과 함께 정권을 잡으면서 부와 권력을 한손에 움켜쥐었지요. 한마디로 설명할 수 없는 한명회의 삶을 그림으로 되짚어 볼까요?

과거에 여러 번 떨어지다

한명회의 할아버지는 명나라에 가서 '조선'이라는 국호를 받아 돌아온 한상질이에요. 이름 있는 가문에서 임신 7개월 만에 태어났던 한명회는 여러 번 과거 시험을 보았답니다. 하지만 번번이 낙방하고, 40세가 다 되어서야 조상의 덕으로 경덕궁 궁직이라는 말단 벼슬을 얻었지요. 그림은 과거를 보는 모습을 담은 조선 시대 민화예요.

신숙주와 힘을 합쳐 세조를 돕다

친구인 권람의 주선으로 수양 대군 무리
에 가담한 한명회는 수양 대군이 왕이 될
수 있도록 도왔어요. 당시 수양 대군에게
는 한명회와 함께 중요한 신하가 있었는
데 바로 신숙주예요. 신숙주는 세종의 두
터운 신임을 받았던 인물이지만 어린 단
종보다는 수양 대군의 편에 섰답니다. 이
런 신숙주와 한명회는 서로 사돈지간이기
도 했지요. 오른쪽 그림은 신숙주의 모습
을 그린 그림이랍니다.

반대 세력을 몰아내다

세조가 된 수양 대군을 보필했던 한
명회는 자신의 권세를 유지하기 위
해 노력했어요. 그래서 반대 세력을
몰아내기 위해 최선을 다했답니다.
단종을 복위시키려는 사육신을 처
단하고, 이시애의 난 때 어린 나이
임에도 총대장으로 임명되어 반란
을 토벌하였던 남이도 몰아내지요.
그림은 17~18세기에 만들어진 역
사 화첩인 『북관유적도첩』에 실린
〈등림영회도〉입니다. 남이 장군의
모습을 그린 것으로 알려져 있지요.

압구정에서 여생을 보내다

동부승지, 도승지, 이조 판서, 우의정, 영의정의 자리에까지 오른 한명회는 여러 왕에 걸쳐 오랜 기간 권력을 누렸어요. 1476년 한강 가에 '물새들이 희롱하는 정자'라는 의미의 압구정을 지었어요. 이곳에서 경치를 보며 여생을 보내고자 했던 것이지요. 하지만 한명회는 이곳에 명나라 사신들을 사사로이 불러서 접대한 일이 문제가 되어 관직에서 물러나게 됩니다. 그림은 정선의 작품으로 압구정을 그린 것이에요.

한명회는 정말 권력을 내려놓으려 했을까?

1. '남이의 옥' 사건의 전모
2. 한명회의 정자, 압구정

교과 연계

한국사
Ⅱ. 고려와 조선의 성립과 발전
  2. 유교 정치의 이상을 꽃피운 조선
    (2) 사림, 새로운 정치 세력으로 등장하다

1

'남이의 옥' 사건의 전모

남이 대 한명회의 마지막 재판이 펼쳐지는 한국사법정 앞. 이번에는 재판 결과를 보도하기 위해 다른 때보다 두 배나 많은 취재진이 몰려들어 있었다. 남이와 한명회가 법정에 들어와 각자 자리에 앉자 모두들 숨을 죽이기 시작했다. 연로한 한명회는 약간 지친 모습이었지만 눈매는 여전히 날카로웠다. 남이도 마지막 재판이라 그런지 반드시 승부를 보겠다는 결연한 모습을 보였다.

판사　모두들 자리에 앉으셨나요? 벌써 마지막 재판이군요. 그러면 이제부터 원고 남이와 피고 한명회의 세 번째 재판을 시작하겠습니다. 오늘은 결론을 내리는 중요한 재판이니 원고 측과 피고 측은 그 어느 때보다 더 집중해서 재판에 임해 주시기 바랍니다. 그런데

왜 한명회는 남이 장군을 제거했을까?

원고 측에서 증인 신청이 접수되어 있군요. 원고 측 변호인, 어떤 인물이지요?

김딴지 변호사　　판사님! 당시 원고의 문초 현장에 있었던 군졸 갑석과 을석 두 명을 증인으로 신청합니다. 두 증인을 동시에 신문하도록 허락해 주십시오.

판사　　받아들입니다. 증인들은 나와 주세요.

　방청석이 순식간에 웃음바다가 되었다.

"으하하하! 무슨 이름들이 그래?"

"그렇게 말이야. 성도 없이 갑석은 무엇이고 을석은 무엇이야? 첫 번째 돌, 두 번째 돌이라는 뜻인가?"

"이봐요, 그렇게 함부로 웃지들 말라고요. 조선 중기까지만 해도 신분 제도가 엄격하여 일반 평민들은 성도 없고 이름도 없이 그냥 집에서 부르는 이름으로 불렸는걸요. 알고 보면 저 사람들도 신분 제도의 희생양이라고 할 수 있지요. 굳이 따지자면 우리하고 별로 다를 것이 없는 신세인 거죠."

　박수무당의 말을 들은 다른 무당들이 그때서야 사정을 이해하겠다는 듯이 고개를 끄덕였다. 방청객들은 이내 차분해졌다. 잠시 뒤에 원고 측 변호인인 김딴지 변호사 뒤쪽의 문이 열리면서 군졸 차림의 두 사람이 들어섰다. 두 증인은 약간 기가 눌리고 겁을 먹은 듯 쭈뼛거리며 증인석에 자리했지만 원고, 피고와는 눈도 잘 마주치지 못했다. 그러한 군졸들의 태도에서 엄격한 신분 제도 아래 살던 모

습이 보이는 것 같았다.

판사 증인들은 앉아도 좋습니다. 원고 측 변호인, 증인 신문 하시지요.

김딴지 변호사 증인들에게 묻겠습니다. 사건 당시 증인들은 어느 기관 소속이었죠?

군졸 갑석 우리는 둘 다 의금부 소속이었습니다.

군졸 을석 네, 그렇습니다.

김딴지 변호사 그런데 왜 의금부 소속인 증인들이 원고를 문초하게 된 것이지요? 당시 한성에는 죄인을 문초하는 포도청이 있지 않았나요?

군졸 을석 포도청은 우리가 활동하던 때가 아니라 성종 임금 이후에 도적들을 잡기 위하여 설치된 것으로 알고 있습니다.

김딴지 변호사 아, 그렇군요. 그럼 의금부에서 하던 일이 무엇이죠?

군졸 갑석 의금부는 역사가 깊습니다. 고려 **충렬왕** 때 설치된 **순마소**를 시작으로, 다른 수사 기관과는 달리 죄인의 형을 결정하고 옥에 가둬 문초도 담당하였습니다. 그런지라 의금부에서는 아주 특수한 죄인들만 다뤘습니다.

김딴지 변호사 예를 들면 어떤 죄인을 말하지요?

군졸 갑석 음, 의금부에 끌려올 정도면 고급 손님이라고 할 수 있죠. 하하!

군졸 을석 맞습니다. ▶의금부에서는 다른 수사 기관에서 다루기

포도청
조선 시대에 경찰서의 역할을 하던 관청을 가리킵니다.

충렬왕
고려 제25대 왕으로 재위 기간은 1274~1308년입니다. 원나라에 굴복하여 그 풍습과 제도를 따르며 원나라의 간섭을 심하게 받았습니다.

순마소
중국 원나라가 내정에 간섭하기 위하여 고려에 설치했던 감찰 기관으로 형벌의 집행까지 담당하였습니다.

힘든 역모를 저지른 죄인, 지체 높은 양반이나 관리, 외국인, 나라의 기본인 유교 사상을 훼손한 자들을 문초하였습니다. 한마디로 죄를 밝히고 형량까지 정하는 특별 재판소였던 셈이죠.

김딴지 변호사　그렇다면 원고가 의금부로 압송되었다는 것은 문초를 시작하기도 전에 원고가 역모를 꾀한 것으로 확신한 상황이었다는 말인가요?

군졸 갑석　그렇다고 봐야죠.

김딴지 변호사　판사님! 여기서부터 벌써 추악한 음모가 드러나기 시작합니다. 이것은 피고 등 모함 세력이 원고를 반역죄로 몰아가기 위해 미리 준비했다는 증거가 아니겠습니까? 재판에 의해서 판결이 내려지기 전에는 죄를 단정 지을 수 없다는 원칙을 저버린 것이라고 할 수 있습니다.

이대로 변호사　판사님! 이의 있습니다. 지금 원고 측 변호인은 당시의 시대 상황을 전혀 반영하지 않고 있습니다. 지금의 잣대를 들이대면 그렇지만 당시에는 그렇지 않았습니다.

판사　증인, 당시에는 그런 일이 자주 있었나요?

군졸 갑석　대부분 문초를 시작하기 전에 죄가 알려지고, 그 죄에 따라 죄인들은 문초를 하기에 적당한 기관에 보내집니다.

군졸 을석　우리들은 죄인을 문초하여 위에서 내려온 죄인의 죄명대로 자백을 받아 내는 것이 임무였습니다.

판사　잘 알겠습니다. 원고 측 변호인, 증인 신문을 계속하시지요.

교과서에는

▶ 조선 시대에는 의금부에서 주로 나라의 큰 죄인을 다스리도록 하였습니다.

김딴지 변호사   증인에게 묻겠습니다. 앞 증언에서 '위에서'라고 했
는데 그 위가 어디입니까?

군졸 을석   위가 어디긴 어디입니까? 의금부를 관장하는 관청이죠.

김딴지 변호사   의금부는 독립된 관청으로 수사권과 판결 권한을
갖지 않았나요?

군졸 을석   그것은 그렇다는 이야기이고 사실은 그렇지 않죠.

김딴지 변호사   증인은 보다 정확하게 말씀해 주시기 바랍니다.

군졸 을석   에이, 다 아시면서⋯⋯. 보통 사람이 의금부로 넘어옵
니까? 의금부까지 넘어올 때는 조정의 모든 대신들이 죄인의 죄에
대해 공감했다는 뜻이죠.

김딴지 변호사　거기에 왕도 포함됩니까?

군졸 을석　글쎄요, 거기까지는 잘 모르겠는데요.

군졸 갑석　사람들이 조선 임금에 대해서 잘못 알고 있는 것이 있습니다. 조선 시대 임금은 뭐든지 마음대로 할 수 있었다고 생각하지만 사실은 그렇지 않습니다. 조정의 대신들이 있고 사헌부, 사간원, 승정원, 여기에 성균관 유생들과 벼슬을 그만둔 신하에 이르기까지 눈치를 보아야 할 곳이 한두 곳이 아니었습니다. 임금의 명은 그런 모든 의견을 종합하여 내려지는 것이고요.

김딴지 변호사　증인의 말대로라면 굳이 왕의 명이 아니더라도 조정 대신과 여러 기관의 신하들이 뜻을 모으면 없는 죄도 만들어 뒤집어씌울 수가 있었겠군요?

군졸 갑석　음…… 아무래도 그렇다고 봐야겠죠.

김딴지 변호사가 결정적 증언을 이끌어 냈다는 표정으로 의기양양하게 판사를 향해 말했다.

김딴지 변호사　판사님! 지금 증인들의 증언을 통해서 밝혀진 사실이 있습니다! 첫 번째, 조선 시대에는 조정의 대신들이 뜻을 모으면 눈에 거슬리는 사람 하나쯤은 얼마든지 중죄인으로 만들 수 있었다는 것입니다. 그리고 두 번째, 사건이 일어나던 당시 왕인 예종은 나이가 어려 선왕인 세조의 유훈으로 원상이 섭정을 하였습니다. 그렇다면 당시 조정의 최고 실력자는 누구일까요? 바로 저기 피고석에 앉아 있는 피고입니다!

판사   원고 측 변호인, 흥분을 가라앉히세요. 증인들에게 더 질문할 것이 있습니까?

김딴지 변호사   나중에 추가로 하겠습니다.

판사   원고 측 변호인에게는 증인들에 대한 추가 신문 기회를 주겠습니다. 피고 측 변호인, 증인 신문 하시겠습니까?

이대로 변호사   네.

판사   그럼 시작하세요.

이대로 변호사   증인들에게 묻겠습니다. 증인들은 의금부에서 몇 년 동안 근무했죠?

군졸 갑석   문종 임금 즉위년인 1450년에 의금부에 들어와서 세조를 거쳐 예종 임금이 승하하시고 성종 임금이 즉위하던 1469년에 그만뒀으니 한 20년 세월 됩니다.

군졸 을석   소인도 아니, 저도 그 정도 됩니다. 여기 있는 이 친구하고는 직장 동료이자 아주 오랜 친구죠.

이대로 변호사   그럼 증인들에게 묻겠습니다. 증인들은 의금부에서 일하는 동안 자부심을 가졌나요?

군졸 갑석   직업이라 특별히 그런 것은 없지만 다른 수사 기관에서 일하는 사람들보다는 어깨에 힘 좀 넣고 살았죠!

군졸 을석   녹봉으로 굶어 죽는 식구 없이 살았으니 그만하면 괜찮았죠.

이대로 변호사   그렇다면 증인들은 직장인 의금부에 자부심을 가졌던 것으로 생각해도 되겠군요.

군졸 갑석　네!

군졸 을석　네!

이대로 변호사　그렇다면 증인들에게 묻겠습니다. 증인들은 근무하면서 자부심에 어긋날 만한 일을 한 적이 있습니까 없습니까?

군졸 을석　변호사님, 지금 도대체 무슨 말씀을 하시려는 거죠?

이대로 변호사　의금부에서 근무하면서 양심에 거리낄 만한 일을 했느냐 묻는 것입니다.

군졸 갑석　글쎄요. 나야 위에서 내리는 지시에만 충실했으니 딱히 나쁜 짓을 한 적은 없습니다.

군졸 을석　나 역시 그렇습니다.

이대로 변호사　양심에 거리끼는 일을 하지 않았다는 말은 억울한 죄인을 만들지는 않았다는 말이죠?

군졸 갑석　그렇습니다.

군졸 을석　나도 그렇습니다.

이대로 변호사　직접 문초를 담당했던 증인들은 양심에 거리끼는 짓을 하지 않았다고 합니다. 이 말은 무슨 뜻일까요? 반대로 해석하면 이번 소송의 원고에게 정말로 의심이 갔기 때문에 문초를 한 것이지 공연히 생사람을 잡지는 않았다는 말이 아니겠습니까? 후대 역사에서는 다르게 평가하지만 적어도 당시 의금부에서 판단하기에는 충분히 의심이 가는 죄인을 문초한 것입니다. 맞죠? 물론 위에서 누가, 어떻게 지시했는지도 모르고요. 맞죠?

군졸 갑석과 군졸 을석은 이대로 변호사의 거듭되는 질문에 대답을 하지 못하고 서로 얼굴만 바라보았다. 무척 당황한 표정들이었다. 방청석에서는 이대로 변호사를 향해 야유가 쏟아졌다. 이대로 변호사는 방청석의 반응 따위는 신경 쓰지 않는 듯했다.

이대로 변호사　증인 두 사람에 대한 저의 신문은 여기까지입니다. 증인들, 수고하셨습니다.

판사　원고 측 변호인, 증인들에게 더 신문할 내용이 있습니까?

김딴지 변호사　네. 지금 갑자기 궁금한 게 생겼습니다. 증인들에게 묻겠습니다. 당시 의금부 옥에 들어오면 문초를 하였지요?

군졸 갑석　그렇습니다. 그게 문제가 됩니까?

군졸 을석　그 당시만 해도 옥에 들어오는 죄인들은 모두 문초를 하여 자백을 받아 내야 했습니다.

김딴지 변호사　만약 자백을 하지 않으면 어떻게 되죠?

군졸 갑석　그럼 더 노력해서 죄인에게 자백을 받아 내야 했죠.

김딴지 변호사　더 노력을 하다니요? 혹시 더 노력한다는 것이 죄인을 더 가혹하게 다룬다는 뜻인가요?

군졸 을석　당시만 해도 자백을 잘 받아 내는 사람이 윗사람들에게 칭찬을 받았습니다.

김딴지 변호사　그렇다면 자백을 받아 내기 위해서는 수단과 방법을 가리지 않았겠군요?

군졸 갑석　당시에는 다 그렇게 했다니까요.

김딴지 변호사   당시에 그랬다고 해서 그 행위가 옳았다고 생각하는 것은 아니죠?

군졸 갑석   지금 생각해 보니 옳은 것은 아니었습니다.

김딴지 변호사   원고를 문초할 때 목표는 무엇이었나요?

군졸 갑석   목표라니요?

김딴지 변호사   무턱대고 사람을 문초하지는 않았을 것 아닙니까? 사람을 옥에 가두고 문초를 할 때는 위에서 무엇을 얻어 내라는 지시가 있었을 것이 아닙니까?

군졸 갑석   그거야 아까 말씀드린 것처럼 자백이죠.

김딴지 변호사   자백을 받아 내기 위해서 증인은 어떤 방법을 썼죠?

군졸 갑석   음…… 잘 기억나지 않습니다.

김딴지 변호사   좋습니다. 그럼 군졸 을석에게 묻겠습니다. 원고를 문초할 때 어떤 방법을 사용했나요? 구체적으로 기억나지 않는다면 그 당시에 죄인들에게 자백을 받아 내기 위해서 사용하던 문초 방법이라도 알려 주시기 바랍니다.

군졸 을석   아까도 말씀드린 것처럼 의금부는 일반 죄인을 다루는 것과는 많은 차이가 있었습니다. ▶의금부에서는 문초를 통해 죄를 밝혀냈을 뿐만 아니라 형벌을 내리기도 했습니다. 그 당시에는 중국 명나라 『**대명률**』에 따랐습니다. 형벌에는 태, 장, 도, 유, 사 이렇게 다섯 가지가 있었습니다. 태와 장은 가벼운 죄를 저지른 죄인에게 볼기를 치는 형벌로 태형은 10대에서 50대까지, 장형은 60대에서

『대명률』
중국 명나라의 기본 법전으로 1367년에 완성되었습니다. 당나라의 법률을 따르면서도 더 엄격한 형벌 체계를 세웠지요. 조선도 『대명률』의 영향을 받았습니다.

교과서에는

▶ 조선 시대에는 『경국대전』과 『대명률』로 대표되는 법전에 의해 형벌과 민사에 관한 사항을 규율하였습니다. 이 중 형벌에 관한 사항은 주로 『대명률』의 적용을 받았지요.

100대까지 각각 다섯 등급으로 나누어져 있었지요.『대명률』에서는 태형과 장형을 할 때 가시나무를 사용했으나 조선에서는 대부분 물 푸레나무를 썼습니다. 중국 사람들에 비하면 인간적이죠.

김딴지 변호사　그럼 원고에게도 태형과 장형을 통해 자백을 받아 내려고 했겠군요?

군졸 을석　태형과 장형뿐이겠어요? 인두도 사용하고 주리를 틀기 도 했죠.

군졸 갑석　어험!

군졸 을석　어? 그러니까 제 말은, 당시 의금부로 압송된 죄인들을 문초할 때 보통 그런 방법을 사용했다는 이야기입니다. 남이 장군에 대해서 어떤 문초를 했는지는 자세히 기억나지 않습니다.

김딴지 변호사　원고의 경우 역모 죄로 의금부에 압송당했으니 무 엇보다 자백이 필요했을 것이고, 원고에게는 다른 죄인들보다 훨씬 더 가혹한 문초가 이뤄졌다고 봐야겠군요. 그렇죠?

　군졸 을석이 한참을 머뭇거리다가 겨우 고개를 끄덕였다. 김딴지 변호사는 점점 더 확신이 서는 표정이었다. 김딴지 변호사는 당당한 걸음으로 군졸 갑석에게 다가갔다.

김딴지 변호사　증인들에 대한 신문을 통해 몇 가지 중요한 사실을 확인할 수 있었습니다. 원고에게는 우리의 상상을 초월할 정도의 혹 독한 문초가 가해졌을 것입니다. 더군다나 원고가 누명을 쓴 역모

죄는 자백을 최고의 증거로 여겼기 때문에, 그 자백을 이끌어 내기 위해 어떤 문초가 가해졌을지 훤히 짐작할 수 있습니다. 그러나 그 이전에 증인에게 한 가지 더 확인할 것이 있습니다. 이것은 대단히 중요한 사안이니 기억을 잘 더듬어 증언하셔야 합니다. 증인! 원고가 단 한 번이라도 자신의 죄를 인정한다는 자백을 하였나요?

군졸 갑석 하지 않았습니다.

김딴지 변호사 확실하죠?

군졸 갑석 확실히 하지 않았습니다. 의금부 선배들로부터 사육신 이래 끝까지 무죄를 주장한 것은 남이 장군이 최초였다고 들었습니다.

김딴지 변호사　잘 알겠습니다. 증인, 수고하셨습니다.

김딴지 변호사가 방청석 쪽을 향해 걸음을 옮겼다. 김딴지 변호사의 두 눈에는 눈물이 글썽글썽했다. 김딴지 변호사는 슬픔을 이기지 못하겠다는 듯이 굳은 표정으로 말하기 시작했다.

김딴지 변호사　보고 들으신 그대로입니다. 민족의 영웅이 될 수 있었던, 백성들의 촉망을 한 몸에 받던 원고는 역모를 모의했다는 누명을 쓰고 의금부 옥에서 죽음보다 더한 모진 문초를 당했습니다. 그러면서도 유일한 증거인 자백을 끝내 하지 않았습니다. 지금 세상의 법정에서는 범죄의 유일한 증거로 자백을 제시하면 영장이 기각됩니다. 자백만으로는 죄를 입증할 수 없다고 보는 것입니다. 더군다나 그 자백이 원고가 당한 것과 같은 고문이나 가혹 행위, 강압 수사로 얻어 낸 자백이라면 절대 증거로 인정하지 않습니다. 오히려 고문, 가혹 행위, 강압 수사를 한 당사자들이 처벌을 받습니다.

강압 수사를 한 당사자가 벌을 받는다는 말에 군졸 갑석과 을석의 얼굴이 하얗게 질렸다. 방청석도 술렁였다.

"김 변호사 말대로라면 애당초 죄가 안 되는 거잖아?"
"그러게요. 법정에서 소송 자체를 받아들이지 않는다잖아요?"

김딴지 변호사가 이번에는 판사를 향해 돌아서며 말을 이었다.

김딴지 변호사 존경하는 판사님! 모든 범죄는 법정에서 죄를 인정해야 유죄가 됩니다. 그 이전까지는 설령 의심이 간다고 하더라도 죄인으로 취급하지 않습니다.

그런데 이번 소송의 원고 남이 장군은 어땠습니까? 강압 수사, 고문, 가혹 행위가 버젓이 이뤄졌습니다. 그뿐만이 아닙니다. 사건의 유일한 증거였던 원고의 자백도 받지 못했다는 것이 증인들의 증언을 통해 밝혀졌습니다. 그런데도 제대로 재판도 받지 않은 상태에서 원고에 대한 사형이 집행되었습니다. 원고의 가슴속에 얼마나 한이 쌓였을 것이며 원통했겠습니까?

이미 지난 일이라 그때 사건의 주범을 찾는 것이 부질없다고 하는 사람도 있습니다. 공연히 시끄러운 일을 만든다고 하는 사람도 있습니다. 하지만 원고의 입장에서 생각해 보십시오! 역사의 정의를 세운다는 사명감을 갖고 바라보십시오! 어떻게 그냥 지나칠 수 있겠습니까?

판사 원고 측 변호인, 더 발언할 내용이 남아 있습니까?

김딴지 변호사 할 말은 많지만 울분이 북받쳐 더 말할 수가 없습니다. 이상으로 증인 신문을 마치겠습니다.

판사 알겠습니다. 증인들은 그만 돌아가셔도 좋습니다. 오늘 수고하셨습니다.

증인인 군졸 갑석과 을석이 들어왔던 문을 통해 서둘러 법정을 빠져나갔다.

이대로 변호사   존경하는 판사님, 이번엔 저희 피고 측에 변론의 기회를 주십시오! 지금 재판이 계속해서 원고에 대한 동정론으로 흘러가고 있다는 점 주의해야 한다고 생각합니다. 이번에는 원고가 옥에 갇히게 되었을 당시의 상황을 누구보다 잘 알고 있는 분, 노사신을 증인으로 모시고자 합니다.

판사   알겠습니다. 오늘은 우선 증인 신문에 주력하고 의문 사항은 원고와 피고에게 직접 듣도록 하겠습니다. 증인 신청 순서에 따라 이번엔 피고 측 변호인이 시작하시지요.

이대로 변호사   감사합니다. 저희 쪽 증인은 노사신입니다. 증인은 세종 9년인 1427년에 태어나 연산군 4년인 1498년에 저승 세계로 이주한 인물로 1492년에 좌의정, 1495년에 영의정을 지내면서 피고가 떠난 조정을 잘 이끌어 낸 인물로 평가받고 있습니다. 증인은 1468년 원고가 사망할 당시 피고가 주축이 된 원상을 보필한 인물로 그 당시 사정을 누구보다 잘 알고 있다고 할 수 있습니다.

법정 경위의 안내를 받으면서 노사신이 법정에 들어섰다. 피고석에 앉은 한명회를 본 노사신은 허리를 숙이며 인사했다. 한명회는 당연하다는 듯이 수염을 쓸어내리면서 그의 인사를 받았다.

왜 한명회는 남이 장군을 제거했을까?

판사   증인은 증인 선서를 하기 바랍니다.

노사신   선서! 나는 신성한 한국사법정에서 오직 진실만을 말할 것을 맹세합니다.

이대로 변호사   나와 주셔서 감사합니다. 당시 증인이 맡고 있던 직책은 무엇이었죠?

노사신   나는 그 일이 있기 3년 전에 호조 판서와 충청도 임시 관찰사로 있었습니다. 그러던 중에 명나라 군대와 함께 여진족 토벌에 나섰고, 여진족 토벌에 성공하고 돌아온 뒤에는 호조 판서와 대제학을 겸직하였습니다.

이대로 변호사   대제학이라면 학문에 조예가 깊은 인물이 맡았던 직책 아닌가요?

노사신   허허, 그렇습니다.

이대로 변호사   증인은 일찍이 학문의 뛰어남을 인정받아 세자를 가르친 적이 있죠?

노사신   그렇습니다.

이대로 변호사   증인이 특히 뛰어난 학문 분야는 무엇이었습니까?

노사신   유교 경서와 유교의 가르침을 모아 놓은 『논어』, 『맹자』, 『대학』, 『중용』 등의 사서입니다.

이대로 변호사   세조 임금이 증인과 밤새워 토론했다는데 그것이 사실입니까?

노사신   사실입니다.

이대로 변호사   명나라 사신에게도 칭송을 들으셨다고요?

『경국대전』

조선 시대에 통치의 기본이 되었던 최고 법전을 말합니다. 세조 때 최항, 노사신, 강희맹 등이 집필을 시작하여 성종 때인 1476년에 완성하고 1485년에 간행되었습니다. 그 후에도 여러 차례 보완되었으나 기본 토대는 유지되어 조선 왕조 말기까지 계속 적용되었습니다.

『동국여지승람』

조선 시대에 성종이 노사신 등에게 명령하여 펴낸 우리나라의 지리책입니다. 각 지방의 지리와 풍속 등을 담고 있지요.

노사신   네, 그랬습니다.

    피고 측 증인의 소개가 길어지자 김딴지 변호사가 못마땅한 표정으로 끼어들었다.

김딴지 변호사   이의 있습니다, 판사님! 지금 피고 측 변호인은 사건 당시 중요한 역할을 했던 증인의 경력을 미화하여 재판을 피고에게 유리한 분위기로 만들려고 하고 있습니다!

이대로 변호사   거, 가만 좀 있어 봐요. 다 재판을 위해 필요한 증언이란 말입니다.

판사   좀 더 들어 봅시다. 피고 측 변호인, 증인 신문을 계속하세요.

이대로 변호사   네. 증인은 이후에 조선의 법치 기본을 바로 세우는 서적인 『경국대전』과 『동국여지승람』 등의 편찬 사업에도 참여했죠?

노사신   그렇습니다.

이대로 변호사   이것이 증인의 이력입니다. 증인은 평생을 학문 이외의 다른 것에는 관심을 갖지 않았던 사람입니다. 그런 증인이 사건 당시를 증언하는 것입니다. 어떻게 그 진심을 믿지 않을 수 있겠습니까?

    이대로 변호사의 말이 끝나자 여기저기서 웅성거리기 시작했고 갈수록 그 소리가 커졌다. 그때 방청석에 앉아 있던 한 박수무당이 자리를 박차고 일어섰다.

"이 변호사님 말대로라면 공부 잘하는 사람은 모두 양심적이라는 건가요? 그렇게 따지면 과거에 급제하고도 역사의 죄인이 된 자가 한둘이 아닌데 그 사람들은 어떻게 설명할 거예요?"

"뭐요?"

"맞아. 맞아!"

갑자기 법정은 방청석의 박수무당과 이대로 변호사의 말다툼장으로 변했다.

"아니, 누가 신성한 법정에서 말을 함부로 하는 거예요?"

"신성한 법정? 신성한 법정에서 진실을 감추기 위해 자신에게 유리한 방향으로 몰고 가려는 것이 누구인데 그래?"

이때 판사가 큰 소리로 말했다.

"조용히들 하세요! 방청석에서 소란을 피운 자에게 감치 3일을 선고합니다. 장소는 본 법정 관할 구치소로 정합니다. 법정 경위는 신속하게 집행하세요."

판사의 명이 떨어지자 법정 경위가 소란을 피운 박수무당을 법정 밖으로 끌고 나갔다. 박수무당은 끌려 나가면서도 이대로 변호사와 피고 한명회를 향해 욕설을 퍼부었고, 이 모습을 지켜보던 다른 무당들은 낮은 목소리로 소곤거렸다.

"감치라면 법정에서 소란을 피운 사람에게 영장도 없이 판사 명령으로 구치소에 가두는 거 아닌가요?"

"저 판사 보기보다 성질 있네. 우리도 조심해야겠어요. 호호."

판사의 감치 명령으로 방청석 분위기가 차분하게 가라앉았다. 하지만 이대로 변호사는 큰 모욕을 당했다는 생각이 드는지 얼굴이 붉게 물들어 있었다.

판사　피고 측 변호인, 증인 신문 계속하세요.

이대로 변호사　증인은 그 당시 원고를 수사한다는 사실을 언제 알았나요?

노사신　남이 장군이 의금부로 압송되고 난 다음에 알았습니다.

이대로 변호사　틀림없는 사실이죠?

노사신　그 당시 내가 맡고 있던 직책이 직책인지라 조정에서 벌어지는 일들을 시시콜콜 알 수는 없었습니다.

이대로 변호사　그럼 다른 조정 대신들도 사정은 비슷했겠군요?

노사신　아마 그럴 겁니다.

이대로 변호사　그 소식을 들었을 때 어떤 기분이 들던가요?

노사신　올 것이 왔구나, 그런 생각이 들었습니다.

이대로 변호사　올 것이 왔다, 라고요? 흠, 왜 그런 생각이 들었죠?

노사신　조정 돌아가는 사정을 어느 정도 알고 있는 자라면 언젠가 일어날 일이라고 생각하고 있었지요.

이대로 변호사　그게 무슨 뜻인가요? 좀 더 정확히 말씀해 주시지요.

노사신　어험! 이 문제는 워낙 복잡한 것이라서……. 남이 장군의 어머니가 누구입니까? 태종 임금께서 특히 아끼시던 정선 공주 아닙니까? 원고는 또 어떻습니까? 사건이 일어나기 3년 전까지도 조

정에서 영향력이 살아 있던 존경하는 권람 정승의 사위 아닙니까?
그것만으로도 남이 장군은 조정에서 주목을 받기에 충분했습니다.
여기에 세조 임금이 사사건건 원고를 감싸면서 총애를 아끼지 않았
으니 조정의 모든 문무백관들은 하나같이 입을 모아 "바야흐로 남이
의 시대가 열렸다"고 말할 정도였지요.

이대로 변호사　　그렇다면 원고는 집안 배경과 왕의 총애 때문에
20대 후반에 벌써 조정에서 두각을 나타내는 인물이 되었군요?

노사신　　그렇습니다. 남이 장군이 뜻했는지 뜻하지 않았는지는 모

룹니다. 하지만 그 무렵에는 벌써 남이 장군 주변에 사람들이 몰려들고 있었습니다.

이대로 변호사   증인이 보기에 세력을 형성할 정도였다고 판단하나요?

노사신   그렇습니다. 특히 '이시애의 난'을 평정한 뒤에 세조 임금께서 일약 병조 판서에 임명하는 것을 보고 모두들 기절초풍했죠. 남이 장군이 이전에 공조 판서를 맡은 적은 있지만 약관의 나이에 군사권까지 거머쥔다고 생각하니 조정의 모든 문무 대신들이 남이 장군을 견제하고 의심의 눈초리로 바라보기 시작한 건 어찌 보면 당연한 일이었습니다.

이대로 변호사   증인! 잠깐만요. 의심의 눈초리라고 했는데, 원고의 무엇을 의심했다는 말인가요?

노사신   남이 장군이 마음만 먹으면 언제든지 조정의 질서를 뒤바꿀 수 있는 힘이 있다고 생각했을 겁니다.

이대로 변호사   증인도 같은 생각이었나요?

노사신   다른 대신들의 생각과 거의 다르지 않았습니다.

이대로 변호사   사건이 일어나던 당시는 1468년, 예종 즉위년이었지요?

노사신   그렇습니다.

이대로 변호사   세조가 원고를 총애한 것은 이미 잘 알려진 사실이고, 원고를 대하는 예종은 어땠습니까?

노사신   아시다시피 세조 임금께서는 승하하시기 전에 한명회 대감과 신숙주 대감, 정인지 대감 등 훈구 대신들을 불러 모아 놓고 특별히 부탁하셨습니다. 예종이 아직 나라를 다스리기에는 경험이 부족하니 자신을 도와 나라를 경영해 본 경험이 있는 훈구 대신들이 예종이 원숙해질 때까지 잘 보필하라고요. 그래서 원로대신들은 원상을 구성하여 예종을 도왔던 건데, 정작 예종은 바로 그 점이 못마땅하셨던 것 같았어요.

이대로 변호사　　증인, 예종이 원고를 대하던 모습을 알려 달라고 하지 않았습니까?

노사신　　가만있어 봐요. 그래야 이야기가 순서대로 되죠. 원상에서도 예종의 그런 입장을 알아채고는 있었어요. 그런데 신진 세력인 남이 장군이 정2품의 병조 판서에서 물러나 군졸 200명 남짓을 거느리는 종2품 겸사복장으로 직급이 조정되었지만 남이 장군의 힘은 조금도 줄어들지 않았습니다. 생각해 보세요! 예종의 반감과 날로 성장하는 젊은 세력! 당시 조정의 훈구 대신들 입장에서 보면 나라가 혼란스러워질 수 있다고 판단할 수밖에 없었을 겁니다.

이대로 변호사　　그러니까 증인 말은, 원고가 백성들에게는 인기 있었지만 조정에는 적이 많았다는 말이군요?

노사신　　그렇습니다. 바로 그 점이 중요합니다. 조정에서는 공공연하게 남이 장군을 배척하는 움직임이 일어나고 있었지요.

이대로 변호사　　경쟁 상대가 아니라 배척의 대상이었단 말인가요?

노사신　　경쟁이라니요? 남이 장군의 배경을 보십시오. 아무리 훈구 대신이라지만 함부로 대할 수 있는 위치에 있지 않았소. 더군다나…….

이대로 변호사   뭐죠?

노사신   남이 장군은 입버릇처럼 조선과 백성을 위한 길만 걷는 다고 했지만 그 말을 곧이곧대로 믿을 사람이 어디에 있을까요? 모 든 권력은 등장하면서 나라의 평화와 백성의 안위를 주장하지 않았 나요? 차라리 남이 장군이 속마음을 드러냈으면 대응하기도 쉬웠을 겁니다. 그런데 속마음을 드러내지 않으니 도대체 무슨 생각을 가지 고 있는지 알 수가 없었죠. 우리 옛말에도 이런 말이 있지 않습니까? '모난 돌이 정 맞는다.' 딱 그 짝이었죠.

이때 노사신의 증언을 듣고 있던 남이가 화가 난 표정으로 자리를 박차고 일어서며 소리쳤다.

남이   이보세요, 노 대감! 아무리 시간이 지났다고 해도 그렇게 둘 러대면 곤란하죠! 나의 충심은 말한 그대로이고 이는 모든 백성들이 알고 있던 사실입니다! 그런데 어찌하여 조정의 대신들만 모른단 말 이죠? 당신들은 나라를 위한 정치는 펼치지 않고 자신들의 권력을 지키기 위해 벼슬자리에만 연연했던 거죠! 자리에 집착하다 보니 신 진 세력에 대해서는 무조건 반감을 가지게 된 것 아닙니까?

남이의 쩌렁쩌렁한 호통에 이대로 변호사는 기가 죽었다. 그래서 곧 판사에게 도움을 청하는 눈길을 보냈다.

이대로 변호사　판사님, 지금은 제가 증인 신문을 하는 시간입니다.

판사　인정합니다. 원고가 하고 싶은 말은 별도로 시간을 내어 충분히 기회를 줄 것이니 원고는 자제해 주세요.

남이　알겠습니다.

이대로 변호사　증인의 말을 종합하면, 원고가 그런 죄를 저질렀는지 안 저질렀는지는 모른다, 하지만 원고를 비롯한 신진 세력이 원상을 구성한 훈구 세력에게 반감을 가지고 있었던 것은 사실이다, 이렇게 정리해도 될까요?

노사신　맞습니다.

이대로 변호사　신진 세력 중에서 특히 원고는 타고난 배경으로 빠른 출세를 하였고, 자신의 생각을 정확하게 밝히지 않았기에 조정에 적이 많았다는 것도 사실이죠?

노사신　그렇습니다.

이대로 변호사　그럼 실제 죄를 저질렀는지 여부와는 상관없이 원상이 아니더라도 조정의 누군가가 원고를 궁지에 몰아넣었을 가능성은 충분히 있었다고 봐야 하겠군요?

노사신　맞습니다.

이대로 변호사　증인, 정말 수고 많으셨습니다. 증인의 말을 종합해 보면, 당시 조정에는 원고의 의도를 의심하거나 원고의 빠른 출세를 두려워하는 대신들이 많았습니다. 그 상태에서 단지 원상의 지위에 있었다는 이유만으로 피고 한명회에게 모든 책임을 지우려는 원고의 태도는 옳지 않다고 생각됩니다. 이상으로 증인 신문을 마치겠습니다.

이대로 변호사의 말은 방청석 분위기를 다시 달궈 놓았다. 이번에는 김딴지 변호사가 서류 뭉치를 뒤적이며 다음 변론을 준비하기 시작했다.

무오사화
조선 연산군 4년인 1498년에 유자광 중심의 훈구파가 김종직 중심의 사림파에 대해서 일으킨 사화입니다. 『성종실록』에 실린 「조의제문」이 세조가 단종으로부터 왕위를 빼앗은 것을 비방한 것이라며 트집 잡아 이미 죽은 사림파 김종직의 관을 파헤쳐 그 목을 베고 김종직의 제자였던 김일손을 비롯한 많은 선비들을 죽이고 귀양 보낸 사건입니다.

판사　피고 측 변호인의 증인 신문이 끝났으면 이번에는 원고 측 변호인, 증인 신문 시작하세요.

김딴지 변호사　존경하는 판사님! 이 재판은 진실을 밝히는 자리입니다. 피고 측 변호인처럼 확정되지 않은 결론을 미리 내리는 것은 재판에 도움이 되지 않는다고 생각합니다.

흠! 증인은 조정의 모든 대신들이 원고를 의심했다고 하는데 구체적으로 누구와 어디서 나눈 대화인지 밝혀 주실 수 있습니까?

노사신　음, 그건…… 하도 많아서 일일이 열거할 수도 없고, 지금 와서 그분들 이름을 밝히는 것도 도리에 맞지 않다고 생각합니다.

김딴지 변호사　혹시 증인과 이야기를 나눈 분들이 훈구 세력의 대신들 아닙니까?

노사신　잘 기억나지 않습니다. 하여튼 조정의 많은 대신들이었습니다.

김딴지 변호사　좋습니다. 증인은 연산군 4년인 1498년에 이극돈, 유자광 등과 모의하여 **무오사화**를 일으킨 적이 있죠?

노사신　모의라니요? 나는 조정에서 왕권을 약화시키고 잘못된 풍조를 전파하려는 세력을 견제하려고 한 것뿐이었습니다. 그해는 내가 병이 위중하여 역사공화국 영혼이 되어 이곳 저승 세계로 주소지를 옮기고 있을 때였지만, 그 와중에도 나는 "조정에는 맑은 물이 흘러야 한다"라고 하면서 희생자를 최소화시키기 위해 노력했어요.

김딴지 변호사　증인의 마지막 벼슬이 영의정이었지요?

노사신　그렇소.

김딴지 변호사　기록에 따르면 1495년 영의정으로 있으면서 과거 시험에서 처가 식구들에게 특혜를 준 일로 책임을 지고 물러났다고 되어 있는데 사실인가요?

노사신　어험! 그 일이라면 할 말이 없소이다.

김딴지 변호사　잘 알겠습니다. 저는 증인의 말이 피고 측에 유리하도록 치우칠 수밖에 없음을 모든 분들께 알리고 싶습니다. 들으셨다시피 증인은 피고와 마찬가지로 기득권 세력이었으니까요. 이런 증인의 말을 우리가 신뢰할 수 있을까요? 흠! 그럼 이상으로 증인 신문을 마치겠습니다.

판사　증인의 진술 잘 들어 보았습니다. 모두들 수고하셨습니다.

남이 장군은 왜 신이 되었나?

남이 장군은 젊은 나이에 억울하게 죽임을 당했습니다. 구중궁궐에서 일어난 일이지만 백성들은 남이 장군의 한을 잘 알고 있었습니다. 백성들은 남이 장군 이야기를 구전 설화로 만들어 전했습니다. 얼마나 멀리 퍼졌는지 조선 백성들치고 남이 장군 설화를 모르는 사람이 없을 정도였습니다. 역모 죄로 죽임을 당한 남이 장군은 구전 설화를 통해 다시 살아난 것입니다.

남이 장군의 전설적인 이야기는 『연려실기술』, 『청야만집』, 『대동기문』 등에 수록되었습니다. 이야기가 전설로 전해 오면서 남이 장군은 보통 사람 이상의 비범한 능력을 가진 인물이 되었습니다. 『연려실기술』에 보면 반대파였던 훈구파의 중심 권람이 남이 장군을 사위로 받아들인 이야기가 나옵니다. 그 이야기 속에서 남이 장군은 이미 보통 사람이 아닌 신으로 변해 있습니다.

남이 장군을 모신 사당은 전국 곳곳에 널리 퍼져 있습니다. 백성들은 정치적 싸움으로 억울하게 희생당한 남이 장군을 기리다가 나중에는 사당에 모시고 신 중의 하나로 받들게 되었습니다. 그 중심에는 우리 민족의 토착 종교인 무속 신앙이 있습니다.

무속 신앙에선 자연이나 동물, 오래전부터 내려오는 토속 신들을 섬기기도 합니다. 한편으로는 생존했던 사람을 신으로 모시기도 합니다. 중국인들이 『삼국지』에 나오는 관우를 위해 사당을 만들고 해마다 소원을 비는 것과 비슷합니다.

우리나라에도 장군 신들이 있습니다. 그중에서 특히 민간에서 많이 모시는 신이 남이 장군과 임경업 장군입니다. 남이 장군은 주로 경기도 지방에서, 임경업 장군은 황해도와 서해안 지방에서 많이 모십니다.

남이 장군과 임경업 장군은 공통점이 있습니다. 뛰어난 장수였지만 가진 능력을 제대로 발휘하지 못하고 억울하게 죽임을 당했다는 점입니다. 민간에서는 그렇게 억울하게 죽은 장군들을 모시고 원하는 것을 빌면 소원이 이루어진다고 믿었습니다.

이런 이유 때문에 남이 장군 공판 방청석에 유독 무속인들이 많이 참석했던 것입니다. 남이 장군을 모시는 무속인들에게 남이 장군은 죽은 영혼이 아니라 현실 세계의 억울한 일을 풀어 주고 소원을 들어주는 살아 있는 신이었습니다.

예전같이 많지는 않지만 남이 장군을 모신 사당은 전국 곳곳에 퍼져 있습니다. 그중에서 서울 용산의 사당과 남이 장군이 무예를 연마했다는 죽령산의 남이바위 등이 유명합니다.

한명회의 정자, 압구정

2

증인 노사신이 퇴장하자 이대로 변호사가 방청석을 한번 둘러본 뒤 판사를 향해 말했다.

이대로 변호사　　판사님! 원고 측에서는 계속해서 피고를 권력욕에 눈먼 사람으로 몰아가며 모든 죄를 떠넘기려고 하지만 그것은 결코 진실이 아닙니다. 물론 젊고 유능한 인재였던 원고가 그렇게 죽은 것은 안타까운 일입니다. 하지만 지금까지 나온 증인들의 진술만 보아도 당시 조정에는 원고를 겨냥하던 사람들이 꽤나 많았음을 알 수 있지 않습니까? 그런데 피고에게 모든 책임을 떠넘기다니 말도 안 됩니다! 게다가 사실 알고 보면 피고는 모든 권력을 내려놓고 조용한 말년을 보내고 싶어 했었습니다!

김딴지 변호사 　조용한 말년이라고요? 권모술수의 대가인 한명회가 모든 권력을 내려놓으려 했다니, 흥! 지나가던 개가 웃겠네요. 어떤 근거라도 있는 건가요?

이대로 변호사 　물론 있지요. 피고 한명회는 원고의 역모 사건이 발생한 지 8년이 지난 1476년, 한강변에 '압구정'이라는 이름의 조그만 정자를 하나 지었습니다. 피고가 여러 고위직을 거치며 나랏일에 지쳤던 터라 강물이나 바라보고 갈매기를 벗 삼아 여생을 보내려 했던 것이죠. 그래서 그 정자가 있던 자리가 지금 서울의 압구정동이 되었다는 사실을 모르시나요?

판사 　사실 저도 그 이야기가 흥미롭게 들렸습니다. 마지막으로 그 부분을 한번 짚고 넘어가 볼까요?

이대로 변호사 　감사합니다, 판사님. 제가 준비한 자료에 의하면 피고 한명회는 중국에 사신으로 가서 예겸이라는 사람에게 이 정자의 이름을 받아 왔다고 합니다. 희롱할 '압(狎)'에 갈매기 '구(鷗)' 자를 써서 갈매기를 벗 삼으며 유유자적하겠다는 뜻을 담고 있습니다. 이곳이 어찌나 풍광이 좋던지 조선을 찾은 중국 사신들이 반드시 거쳐 가는 장소가 되었다고 합니다.

이때 김딴지 변호사가 남이와 회심의 미소를 주고받더니 자리에서 일어났다.

김딴지 변호사 　존경하는 판사님! 이 부분에 대해 저에게 피고를 직

용봉차일
왕이 행차할 때 쓰던 용과 봉의 모습을 새겨 만든 장막입니다. 햇볕을 가리기 위해 썼지요.

접 신문할 기회를 주십시오. 그 정자가 오히려 피고의 정치 인생에 종지부를 찍는 계기가 되었음을 파헤치겠습니다.

판사 　 네, 받아들입니다. 원고 측 변호인은 피고에게 질문할 것이 있으면 하세요.

김딴지 변호사 　 감사합니다. 피고! 피고는 앞서 언급된 대로 성종 7년인 1476년에 압구정이란 정자를 지었지요. 맞습니까?

한명회 　 그렇소. 그때 내 나이도 이미 예순을 넘기고, 이제는 정치 일선에서 한 발자국 물러나 남은 인생을 느긋하게 살아야겠다는 생각이 들어서였소. 난 권력이나 벼슬에 연연하는 사람이 아니오! 언제나 몸을 낮출 준비가 되어 있었지요. 흠.

김딴지 변호사 　 과연 그럴까요? 그런 분이 중국 사신 접대를 이유로 국왕의 용봉차일을 요청하셨나요? 자신의 권력에 취해 왕에게 지나친 요구를 한 것 아니었습니까?

한명회 　 글쎄요, 1481년에 있었던 일을 말하나 보군요. 당시 중국 사신의 방문 요청이 들어왔을 때 나는 정자가 매우 좁아서 잔치를 열기에 적절하지 않다고 정중히 거절을 했소. 그럼에도 압구정 경치가 좋다고 워낙 소문이 나는 바람에 중국 사신들이 오겠다고 한 거요. 그래서 내가 성종 임금께 잔치용 물품을 몇 가지 부탁드리긴 했소. 오해는 하지 마시오. 성종 임금께서는 내가 처음에 압구정을 짓자 이를 기쁘게 받아들이시며 축하해 주기까지 하셨소이다.

김딴지 변호사 　 중국 사신의 방문 요청을 정중히 거절했다고요? 흠, 제가 갖고 있는 기록에 의하면 피고가 중국 사신에게 압구정으로 놀러 올 것을 직접 권했다고 하던데요? 게다가 국왕의 행차 때나 사용되는 용봉차일을 설치하려 했다니, 피고 본인이 왕이나 되는 줄 알았던 모양입니다! 그러면서 모든 권력을 내려놓고 갈매기와 노닐겠다고요? 피고의 말은 앞뒤가 맞지 않습니다!

겸재 정선(1676~1759)이 그린 〈압구정〉으로 간송미술관에 소장되어 있습니다.

한명회 아니, 저 사람이!

김딴지 변호사 계속 말씀드리겠습니다. 피고는 하지 않아도 될 잔치를 군이 하면서 재차 나라의 지원을 요구했습니다. 성종이 다른 정자에서 잔치를 열라고 하자 이번에는 아내가 아프다는 핑계로 그곳에 못 가겠다며 자신의 압구정에다 해당 관청에서 잔치 시설을 준비하라고 요구했습니다. 그래서 보다 못한 다른 신하들이 피고의 무례함을 지적하고 나섰던 것입니다. 피고의 위세와 오만함이 오죽 심했으면 주변에서 그랬겠습니까? 그러면서 갈매기와 벗하며 여생을 보내겠다고요? 말도 안 됩니다. 날아오던 갈매기도 피고 얼굴을 보고 돌아갔겠군요, 흥!

한명회 흠. 그때 대신들이 마치 기다렸다는 듯이 나를 비난하며 들고일어나기는 했소. 하지만 나의 진심은 그런 것이 아니었소. 살아 있는 동안에는 내 눈짓 한 번에 모두가 벌벌 떨었는데 이렇게 죽어서 욕을 보다니, 나 원 참!

김딴지 변호사 그때 성종은 피고의 무례함을 꾸짖는 선에서 일을

매듭 지으려 했습니다. 하지만 피고가 평소에 얼마나 권력을 탐하며 기세등등했으면 주변에서 그렇게 거세게 비난했겠습니까? 원고를 모함한 일을 비롯해서 말입니다. 이 일로 피고의 시대는 서서히 막을 내렸던 것이지요!

김딴지 변호사의 말이 끝나자 한명회는 당황한 표정을 감추지 못하고 숨을 몰아쉬며 씩씩거렸다. 이대로 변호사가 얼른 눈치를 채고 자리에서 일어나 말했다.

왜 한명회는 남이 장군을 제거했을까?

이대로 변호사　　이의 있습니다, 판사님! 그때의 일로 피고는 곤경에 처했고 이미 충분히 시련을 겪었다고 생각합니다. 그때 일은 피고의 높은 지위를 시기했던 대신들이 이때다 싶어 헐뜯기 위해 달려들었던 것뿐입니다. 피고는 단지 세속의 모든 야망과 욕심을 버리고 남은 인생을 자연과 벗하며 살고 싶었던 것입니다. 이 점을 꼭 기억해 주십시오.

김딴지 변호사　　그렇지 않습니다, 판사님! 피고는 겉으로만 그럴듯하게 자신을 포장했을 뿐 오랫동안 몸에 밴 오만함과 기세는 여전했던 것입니다. 압구정 사건만 봐도 알 수 있지 않습니까? 피고는 왕도 부럽지 않은 사람이었습니다. 그런 권력을 얻기 위해 얼마나 많은 사람을 모함하고 죽였을까요? 과연 피해자가 피고 한 사람뿐일까요? 피고 한명회에게 한 맺힌 영혼들이 모두 들고일어난다면 한국 사법정은 쉬는 날이 없을 것입니다. 압구정 일로 피고의 세력이 한풀 꺾이게 된 것은 자업자득일 뿐이고요.

　현명하신 판사님, 그리고 배심원 여러분! 지금까지 나온 진술을 토대로 피고 한명회의 어두운 권력욕과 눈에 뵈는 게 없는 오만함을 바로 보시고 원고 남이 장군의 억울함을 풀어 주십시오. 원고는 단지 자신의 출중한 능력을 숨기지 못해 권모술수의 대가 한명회의 손에 억울하게 목숨을 잃은 것입니다. 이상입니다.

　"남이 장군이 정말 딱해. 한명회와 같은 시대에 태어나지 말았어야 했어!"

"그래도 한명회가 똑똑한 사람인 건 분명해. 그러니까 오랜 세월 동안 그만한 권력을 누릴 수 있었겠지."

방청객들은 저마다 한마디씩 하며 재판의 결말을 지켜보았다. 한쪽에선 남이를 응원하는 무당들이 간절한 표정으로 기도하고 있는 모습도 보였다.

판사   양측의 변론 잘 들었습니다. 이 정도면 어느 정도 사건의 내막이 밝혀졌다고 생각합니다. 지금까지 나온 진술과 자료를 바탕으로 이번 사건의 판결을 내리도록 하겠습니다. 배심원 여러분도 속히 의견을 전해 주시기 바랍니다. 지금까지 원고 측, 피고 측, 그리고 여러 증인들 모두 열띤 공방이 펼쳐지는 와중에도 비교적 성실하게 재판에 임해 주셔서 감사합니다. 잠시 후에 원고와 피고의 최후 진술을 듣도록 하겠습니다. 마지막 기회이니 후회 없도록 최선을 다해 준비해 주시기 바랍니다. 모두들 수고하셨습니다.

다알지 기자

시청자 여러분! 오늘 드디어 원고 남이 장군 대 피고 한명회의 마지막 재판이 끝났습니다. 살아 있는 동안 워낙에 쟁쟁했던 인물들이라 이번 재판 분위기는 그 어느 때보다 뜨거웠습니다. 남이 장군 측에서는 당시 의금부에서 남이 장군의 문초를 지켜보았던 군졸 두 명을 증인으로 신청해 강압 수사가 이루어졌다는 사실을 밝혀냈습니다. 반면 한명회 측에서는 당시 영의정까지 지낸 노사신을 증인으로 신청해 남이 장군을 노리는 조정 대신들이 많았음을 알렸고, 피고 자신은 모든 권력을 내려놓으려 했다고 주장했습니다. 한명회는 과연 압구정에서 갈매기와 놀 생각이었을까요? 자! 최후 진술만을 남겨 놓고 있는 지금 원고와 피고 두 분을 직접 모시고 마지막 소감을 물어보도록 하겠습니다.

남이

세 차례 재판을 하는 동안 하도 신경을 많이 써서 몇 년은 늙어 버린 것 같습니다. 역시 한명회는 만만한 상대가 아니더군요. 조선 시대 최고의 책사라는 말을 듣는 인물이니 그럴 만도 하지요. 나는 그가 교활한 모사꾼에 불과하다고 생각합니다만. 흠흠. 처음에 내가 할아버지뻘 되는 권세가 한명회에게 소송을 건다고 했을 때 많은 사람들이 말렸답니다. 계란으로 바위 치기 라고요. 하지만 나는 이제 세상이 달라졌다고 생각합니다! 이제라도 역사적 진실을 밝히고 나의 억울한 죽음을 알려야 내가 저승에서 제대로 눈을 감을 수 있을 것 같습니다. 1468년에 일어난 그 사건의 배후, 훈구파의 우두머리인 한명회를 역사공화국에서 영원히 추방시키고 말 거예요. 판결이 기대되는군요.

왜 한명회는 남이 장군을 제거했을까?

한명회

　이번 재판에 피고로 나서며 느낀 점이 참 많았소. 세상이 달라지긴 했네요. 살아 있는 동 안에는 내가 이렇게 고발당할 줄 상상도 못했소. 하긴 거의 550년의 세월이 흘렀으니 그럴 수도 있겠지요. 하지만 예전 같으면 내가 인상 한번 써서 무마시켰을 일을 가지고 저 새파란 젊은 이를 상대로 법정에 서려니 좀 굴욕적이긴 했소. 그래도 내 나름대로 최선을 다해 재판에 임했다오. 이대로 변호사도 나를 위해 최선을 다 해 변론해 주었으니 좋은 결말이 있을 것 같소. 이제 난 압구정으로 돌 아가 갈매기와 벗하며 유유자적 시나 읊으며 살아갈 테니 다시는 이런 자리에 날 부르지 마시오. 억울한 사람은 압구정으로 오든지. 흥!

이만한 일을 꾸밀 수 있는 사람은
훈구파의 중심 한명회뿐입니다!
VS
이 일을 일으킨 자는
내가 아니라 유자광이오!

판사　자, 이제 원고와 피고의 최후 진술만을 앞두고 있습니다. 이 시간은 이번 소송의 원고와 피고의 주장을 듣는 것으로 하겠습니다. 지금까지 증인 신문과 양측 변호인들의 노력으로 우리는 진실에 많이 접근했다고 생각합니다. 그래도 소송 당사자인 원고와 피고의 이야기가 문제를 해결하는 가장 큰 열쇠가 되리라고 믿습니다. 이 점을 생각하면서 원고와 피고는 진솔하게 자신의 생각을 밝혀 주시기 바랍니다.

남이　나는 그동안 분에 넘치는 사랑을 받았습니다. 이 자리를 통해 몇백 년 동안 나를 사랑해 주고 믿어 주신 모든 분들에게 진심으로 고맙다는 말을 전하고 싶습니다. 내가 이번에 소송을 낸 것은 실제로 드러나지 않은 사건의 주범을 찾기 위해서입니다. 나의 죽음과 관련해 역사에는 유자광의 이름도 나오고 피고인 한명회의 이름도 많이 나옵니다. 그런데 아쉬운 것은 유자광은 저지른 죄가 분명하고 뚜렷하게 드러나는 것에 반하여 그 뒤에 숨어서 유자광을 조종하고 지령을 내린 자들은 마치 안개 속에 가려 있는 것처럼 형체만 어스름할 뿐 진짜 모습은 드러나지 않고 있습니다. 사실 이것은 눈을 가리고 하늘이 안 보인다고 하는 것이나 다름없습니다.

당시 조정에서는 나를 국가의 중대사인 역모 죄로 다스렸습니다. 왕정 국가인 조선에서 역모 죄를 왕이 모를 수 있나요? 왕이 어리면 당연히 최고 권력 기관에서 알았을 것이고 또 처리 방침까지 정했을 것입니다. 그러지 않고서는 역모 죄를 다스릴 수 없습니다.

그런데 일개 하급 관리였던 유자광이 한 일이라고요? 처음 발설은 유자광이 했을 수도 있습니다. 그다음에 사건의 처리 방침을 정하고 주도한 것은 누구일까요? 유자광이 할 수 있었을까요? 아니면, 원상 세력에게 포위된 예종이 할 수 있었을까요? 아니면, 어린 예종을 등에 업고 위세를 떨치는 훈구파였을까요?

미루어 짐작해도 정답은 분명합니다. 나를 비롯해 '이시애의 난'을 진압하며 이름을 떨친 적개공신들을 제거하려던 훈구파의 소행이 분명합니다! 당시 조정에서 그만큼의 일을 꾸미고 실행으로 옮길 수 있는 세력은 훈구파밖에 없었습니다. 그리고 그 중심에 이런 억울한 누명을 씌운 피고 한명회가 있었습니다. 이 점을 분명히 하기 위해 제가 소송을 낸 것입니다. 이상입니다.

한명회　　존경하는 판사님! 그리고 나를 위해 재판의 처음부터 끝

까지 애써 주신 이대로 변호사와 비록 나를 미워하지만 재판이 있을
때마다 방청석을 가득 메워 주신 방청객 여러분 모두에게 진심으로
감사를 드리는 바요.

나, 한명회는 참으로 굴곡이 많은 인생을 살았소. 어려서도 그랬
고, 젊은 시절에도 생과 사의 고비를 숱하게 넘나들었지요. 여기에 더
하여 이리로 옮겨 오고 난 뒤에는 저쪽 세상에 남아 있던 내 시신이
갈가리 찢기는 아픔도 맛보았소. 이 마당에 내가 무엇을 감추고 무엇
을 보태겠소?

나에 대한 후대의 평가는 그대로 받아들일 것이오. 그러나 이번 소

왜 한명회는 남이 장군을 제거했을까?

송만은 참을 수가 없었소. 내가 그 당시 왕이었던 예종을 제외하면 윗사람이 없을 정도의 권력을 가졌던 건 맞소. 하지만 그런 자리에 있다고 해서 모든 것을 다 알 수는 없는 일이오. 나랏일에는 역모 사건만 있는 것이 아니오. 검토하고 결재해야 할 것들이 하루에도 수백 가지인데 그 모든 것을 원상인 내가 처리해야만 했소.

더군다나 이번 소송의 발단이 된 유자광을 보시오. 그자의 말 몇 마디가 이번 사건의 발단이 되었고 이 일로 인해 가장 큰 출세를 한 것도 그자요. 그자는 훗날 나를 모함하기도 했소. 그런 자로 인해 시작된 사건에 내 이름이 오르내리는 것 자체가 나는 불쾌하여 견딜 수가 없소이다. 아무쪼록 이번 소송을 판결할 존경하는 판사님과 후대 역사가 분들이 옳은 판단을 해 주기를 바라오. 이상이오.

판사　　원고와 피고의 최후 진술을 잘 들어 보았습니다. 모두들 수고 많았습니다. 지금 이 법정에는 보이지 않는 배심원들이 있습니다. 바로 이 재판을 지켜보는 모든 분, 이 재판을 책으로 읽고 있는 독자 여러분도 배심원입니다. 저는 여러 의견을 종합해 곧 최종 판결을 내리겠습니다. 이상입니다.

땅, 땅, 땅!

역사공화국 한국사법정 재판 번호 26 남이 vs 한명회

주문

역사공화국 한국사법정은 원고 남이가 피고 한명회를 상대로 소송을 낸 것에 상당한 이유가 있다고 판단한다. 그러므로 본 법정은 피고에게 자신의 잘못을 밝히는 내용을 주요 일간지에 게재하여 원고 남이에게 사죄할 것을 명령하고, 지나간 역사를 연구하는 후학들에게도 진실을 밝힐 것을 권한다. 본 법정의 명령을 어길 경우 저승 세계의 법에 따라 늦춰진 시일만큼 징역형에 처하도록 한다.

판결 이유

이번 소송의 최대 쟁점은 피고 한명회가 원고 남이의 역모 혐의를 사전에 알고 있었느냐 여부와 그 뒤처리 과정에서 어느 정도 관여하였는지 가리는 것이었다고 할 수 있다. 피고는 줄곧 조정에서 맡았던 역할, 원상에서 했던 역할 등을 강조하면서 이번 사건에 관련이 없음을 주장하였다. 또한 사건을 쟁점화시킨 증인 유자광 등에게 책임을 전가하였지만, 본 법정에서는 피고의 주장이 사실과 상당히 차이가 있다는 것을 확인하였다. 그 구체적인 증거는 다음과 같다.

1. 당시 왕을 능가하는 핵심 권력 기관의 수장으로서 피고가 역모 사건을 몰랐다는 것은 나라의 모든 일을 책임지고 결재하던 피고의 지위로 보았을 때 앞뒤가 맞지 않다.

　2. 피고는 훈구파를 대표하는 정치 세력의 대표로 훈구파에 맞서는 원고를 탄압할 충분한 이유가 있었다. 여기에다 세조 사후에 곧 원고에 대한 숙청이 이뤄진 것으로 미루어 당시 혹은 이후로 예상되는 적대 정치 세력에 대한 탄압으로 볼 만한 여지가 있다.

　3. 설령 피고가 그 사건의 전말을 알고 있지 못했다고 하더라도 그 책임에서 자유로울 수가 없다. 이것은 결재의 책임은 결재자가 진다는 원칙에 따른 것이다.

　4. 또한 백성들의 신망은 곧 진실에 대한 믿음이라는 원칙을 한국사 법정에서도 충실히 따라 이런 판결을 내린다.

역사공화국 한국사법정 담당 판사 정역사

"한명회에게 소송 걸 사람이
한둘이 아니라고?"

"애송이야, 애송이야, 뚜루루루루……."

이대로 변호사는 사건 기록을 정리하면서 대중가요의 노랫말을 바꿔 흥얼거리고 있었다. 이대로 변호사가 애송이라고 부르는 것은 누구나 알고 있는 것처럼 김딴지 변호사다. 이대로 변호사는 다른 누구도 아닌 김딴지 변호사와 붙은 소송에서 진 것이 가장 쓰라렸다.

이대로 변호사가 억지로 마음을 달래고 있을 때 전화벨이 울렸다. 이대로 변호사는 의뢰인일지도 모른다는 생각에 바로 목소리를 바꿨다.

"네, 이대로입니다."

"김딴지입니다."

"웬일이십니까? 지금은 축하 파티 하고 있을 시간 아닌가요?"

"결론이 뻔한 사건인데 그까짓 걸 가지고 축하 파티씩이나 하겠어요?"

김딴지 변호사의 말에 이대로 변호사는 속이 뒤집어질 지경이었다. 그래도 음색만큼은 침착해야 했다.

"하긴 나라도 그랬겠지요. 그런데 용건이 뭐요?"

"다음부터는 의뢰인 봐 가면서 사건 맡으라고 충고드리려고요."

"네, 충고 잘 받아들이겠습니다. 내가 지금 바빠서 그만 실례하겠습니다."

이대로 변호사는 들고 있던 전화기를 벽에 내던질 뻔했다. 그러나 그 전화기가 아직 의무 약정 기한도 끝나지 않은 것이라는 사실을 생각해 내고 가까스로 참았다.

"으으!"

화를 참자니 속에서 분한 신음 소리만 새어 나왔다. 그때 다시 전화벨이 울렸다. 이대로 변호사는 곧장 전화기에 대고 소리쳤다.

"알았다는데 왜 그래?"

"자네 지금 누구에게 소리를 치는 건가?"

이 목소리의 주인공은? 의뢰인 한명회였다. 그 순간 아직 받지 않은 소송 비용이 눈앞에서 어른거렸다.

"아, 영의정님이시군요. 조금 전에 못된 사람에게 전화가 와서 그만 실수를 했습니다."

"이번 사건은 정말 실망이 크네."

"저 역시 실망이 무척 큽니다. 면목이 없게 되었습니다."

"그래서 하는 말인데, 내게 소송을 걸 사람들이 한둘이 아니거든! 그냥 유유자적 놀면서 쉬고 싶었는데 어찌나 압구정으로 소장들이 날아오는지, 원! 그래서 말인데, 그 사건들도 이 변호사가 맡아 주게. 우리는 아직 계산할 돈도 남지 않았는가?"

"예? 저 그것이⋯⋯."

"결정된 걸로 알고 끊겠네."

끊긴 전화기를 바라보던 이대로 변호사는 그대로 바닥에 털썩 주저앉고 말았다. 조선 최고의 책략가이자 권세가인 한명회의 전담 변호사라? 이대로 변호사는 앞날이 막막하기만 했다.

왜 한명회는 남이 장군을 제거했을까?

남이 장군의 전설이 서려 있는
남이포와 선바위

뛰어난 공을 세우고도 억울하게 모함을 받아 죽어서인지 남이 장군과 관련된 설화나 전설이 많이 남아 있습니다. 그만큼 많은 사람들이 남이 장군에 대해 이야기하고 또 기억을 했다는 말이겠지요. 그런 이야기들 중 하나로 경상북도 영양의 남이포, 선바위와 관련된 전설이 있습니다.

조선 세조 때 용의 아들들이 영양 고을에서 역모를 꾀했다고 합니다. 고을 원님은 이들을 잡기 위해 백방으로 애를 썼지만 모든 것이 헛수고였지요. 이들은 재주가 뛰어날 분만 아니라 신출귀몰하여 잡을 수가 없었어요. 그러던 중 남이 장군이 이끄는 군사가 영양군 입암면에 당도했습니다. 그리고 용의 아들들과 숨 막히는 싸움을 벌였지요. 접전 끝에 남이 장군이 승리하고 용의 두 아들은 목을 내주어야만 했습니다. 승리한 남이 장군은 자축하며 선바위 절벽에 칼로 얼굴을 새겼다고 하지요.

영양 고을 입구에는 선바위와 남이 장군의 이름을 딴 남이포가 있는데 바로 이러한 설화가 서려 있는 곳입니다. 다른 전설로는 이곳 선바위가 남이 장군이 어느 도둑 형제를 물리치고 칼을 내리꽂아 생긴 곳이라고도 합니다.

영양군 일월산 동쪽에서 발원해 흘러 내려온 반변천과 일월산 서쪽에서 흘러나온 창기천의 물길이 한데 모인 것이 남이포입니다. 양쪽에서 흘러내리는 물이 합쳐지면서 Y자 모양의 지형을 만들었는데, 두 물길이 모이는 부분에 독특한 형태를 띤 것이 바로 선바위입니다. 여기에 거대한 촛대를 세워 놓은 것 같은 바위도 있지요.

찾아가기 경상북도 영양군 입암면 연당리

남이포

선바위

『역사공화국 한국사법정 26 왜 한명회는 남이 장군을 제거했을까?』
와 관련한 논술 문제를 풀어 봅시다.

※ 다음 제시문을 읽고 물음에 답하시오.

(가) 백두산의 돌은 칼을 갈아 다 없애고
두만강 물은 말에게 먹여 없애리.
사나이 스무 살에 나라를 평정하지
못하면
후세에 누가 대장부라 일컬으리오.

백두산 일대 지도

(나) 장검을 빼어 들고 백두산에 올라 보니
일엽제잠*이 호월*에 잠겼어라.
언제나 남북풍진*을 헤쳐 볼까 하노라.

* 일엽제잠(一葉鯷岑): '일엽(一葉)'은 한 개의 나뭇잎처럼 작은 존재를 말하고 '제잠(鯷
岑)'은 옛날 중국에서 우리나라를 일컫던 말이므로, '일엽제잠'은 작게 보이는 우리나
라를 뜻한다.
* 호월(胡越): 중국 북쪽의 호(胡)와 남쪽의 월(越)이라는 뜻.
* 남북풍진(南北風塵): '남북(南北)'은 남쪽과 북쪽을 아울러 이르는 말이고 '풍진(風塵)'
은 세상에서 일어나는 어지러운 일이나 시련을 일컫는다.

1. (가)~(나)는 남이 장군이 읊은 시로 알려져 있습니다. 이 시를 읽고
알 수 있는 남이 장군의 성격에 대해 쓰시오.

※ 다음 제시문을 읽고 물음에 답하시오.

화려한 가문에 무술 실력까지 뛰어났던 남이 장군은 탁월한
전공을 세워 주위의 칭찬과 세조의 총애를 받게 됩니다. 하지만
자만하는 마음도 생겨 세조에게 "이미 공신으로 책봉되었고 큰
전공을 세웠으니 자만하는 마음을 갖지 말라"라는 말을 듣기도
했지요. 호방한 무인 기질을 가진 남이 장군과 당시 권력을 잡
고 있던 훈구대신들은 사이가 좋지 않았습니다. 그래서 훈구대
신들은 세조가 승하하고 예종이 즉위하자마자 병조 판서 자리

에 있던 남이를 겸사복장으로 좌천시키지요.

　한 달 뒤 자신의 좌천에 속이 상한 남이 장군은 부관이었던 유자광에게 하소연하였다고 합니다. 이에 유자광은 훈구대신들을 찾아가 남이가 궁궐에서 숙직하고 있다가 혜성이 나타나자 "묵은 것을 없애고 새 것을 나타나게 하려는 징조"라고 말했다고 고변했지요. 원래 남이를 곱게 보지 않았던 훈구대신들은 이 기회를 놓치지 않습니다. 이 일로 남이 장군을 체포하지요. 또한 세조의 총애를 독차지했던 남이를 예종은 눈엣가시처럼 여겨 시기하고 질투했지요. 이런 복합적인 이유 끝에 남이 장군은 처형당하게 됩니다.

2. 위의 글은 남이 장군이 유자광을 만난 일과 그로 인해 죽음에 이르기까지의 과정을 쓴 것입니다. 이 글을 보고 가장 잘못한 사람이 누구인지 골라 그 이유와 함께 쓰시오.

　왜 한명회는 남이 장군을 제거했을까?

해답 1 조선의 개국공신의 후손이면서 세종의 공신인 권람의 딸과 결혼한 남이 장군은 함경도 일대에서 이시애의 난이 일어나자 토벌대 대장이 되어 진압하였습니다. 이 공로로 남이 장군은 세조의 총애를 더욱 받게 되지요. 하지만 세조가 죽자 한명회, 신숙주의 노골적인 견제를 받게 됩니다.

(가)와 (나)의 시를 보면 남이 장군의 호탕함과 무인으로서의 자신감을 엿볼 수 있습니다. 수많은 백두산의 돌을 칼을 갈아 없애고 마르지 않는 두만강 물을 말에게 먹여 없앤다고 했으니 그 배포가 가히 놀랍지요. '일엽제잠'에서 제잠은 옛날 중국에서 우리나라를 일컫던 말로, 일엽제잠은 조그맣게 보이는 우리나라를 뜻하지요. 그리고 '호월'은 '북호'와 '남월'을 가리킵니다. 서로 관계가 소원하거나 멀리 떨어져 있음을 이른다고 합니다. 또한 '남북풍진'은 '세상에서 일어나는 어지러운 일이나 시련'을 가리키지요. 장검을 들고 호탕하게 서 있는 남이 장군의 모습이 그려지는 시입니다.

해답 2 자신의 배경과 실력에 교만했던 남이 장군도 지나쳤고, 권력을 유지하기 위해 다른 세력이 크는 것을 용납하지 못했던 훈구대신들도 옳지 않습니다. 또한 모든 신하를 너그럽게 대하지 못한 예종의 태도도 옳지 않지요. 하지만 그중에서도 가장 잘못한 것은 유자광입니다.

유자광은 이시애의 난 당시 남이 장군의 부관으로서 명성을 떨쳤고 그 공로로 병조 정랑의 자리에 오른 인물입니다. 그래서 남이 장군은 유자광을 가깝게 여겼지만, 유자광은 남이 장군이 반역을 꾀한다고 거짓으로 일러바쳐 공신이 되었지요. 자신을 믿어 준 사람을 배신한 유자광이 가장 잘못한 인물입니다.

* 해답은 예시로 제시된 내용입니다.

왜 한명회는 남이 장군을 제거했을까?

ㄱ

갑자사화 39

강순 68, 74

개국공신 5, 40, 52, 57

거열형 68, 92

겸사복장 6, 85, 90

경국대전 17, 100, 119

계유정난 25, 42, 54

공신전 52, 76

공혜 왕후 43

관학파 57

국문 26, 70

궤장 39

김종서 75

ㄷ

단종 37, 41, 54, 75

ㄷ

대명률 119

대제학 47, 125

덕종 72

ㅁ

무관 36, 41, 78, 100

무오사화 136

문관 41, 78

ㅂ

발영시 78

부관참시 39

ㅅ

사육신 42, 54, 106

삼정승 75, 95

성리학 10, 58, 87

성삼문 42, 54

성종 24, 39, 43, 52, 75, 116

세조 24, 37, 42, 57, 69

세종 대왕 36, 54

수령 66

수양 대군 24, 43, 105

순마소 112

승정원 73, 115

신숙주 52, 73, 106, 131

ㅇ

압구정 40, 43, 107, 139

어유소 68

여진족 36, 90, 125

연산군 39, 59, 83, 124

예문관 47, 83

예종 37, 43, 59, 69, 92, 115

원상 69, 74, 94, 124

유성원 43

유응부 43

유향소 66

음보 41, 57

의금부 15, 70, 79, 90, 112

의정부 43, 75

이개 43

이만주 36

이방원 57, 100

이성계 24, 57, 100

이시애의 난 36, 65, 98, 130

익대공신 43, 76, 94

ㅈ

잘산군 75

장형 119

적개공신 66, 73, 151

정난공신 42

정도전 57

정선 공주 36, 128

조의제문 135

조준 57

ㅊ

충렬왕 112

ㅌ

태종 36, 40, 77, 100, 128

태형 119

ㅍ

포도청 112

ㅎ

하위지 43
함길도 36, 66, 89
향리 66
황보인 75
훈구파 26, 52, 77, 135

역사공화국 한국사법정 26

왜 한명회는 남이 장군을 제거했을까?

© 임채영, 2011

초　판 1쇄 발행　2011년 4월 11일
개정판 1쇄 발행　2014년 10월 23일
　　　　5쇄 발행　2023년 12월 1일

지은이　　임채영
그린이　　최상훈
펴낸이　　정은영

펴낸곳　　(주)자음과모음
출판등록　2001년 11월 28일 제2001-000259호
주소　　　10881 경기도 파주시 회동길 325-20
전화　　　편집부 (02) 324-2347 경영지원부 (02) 325-6047
팩스　　　편집부 (02) 324-2348 경영지원부 (02) 2648-1311
이메일　　jamoteen@jamobook.com

ISBN 978-89-544-2326-7 (44910)

과학자가 들려주는 과학 이야기 (전 130권)

위대한 과학자들이 한국에 착륙했다!
어려운 이론이 쏙쏙 이해되는 신기한 과학수업,
〈과학자가 들려주는 과학 이야기〉 개정판과 신간 출시!

〈과학자가 들려주는 과학 이야기〉 시리즈는 어렵게만 느껴졌던 위대한 과학 이론을 최고의 과학자를 통해 쉽게 배울 수 있도록 했다. 또한 지적 호기심을 자극하는 흥미로운 실험과 이를 설명하는 이론들을 초등학교, 중학교 학생들의 눈높이에 맞춰 알기 쉽게 설명한 과학 이야기책이다.

특히 추가로 구성한 101~130권에는 청소년들이 좋아하는 동물 행동, 공룡, 식물, 인체 이야기와 최신 이론인 나노 기술, 뇌 과학 이야기 등을 넣어 교육 과정에서 배우고 있는 과학 분야뿐 아니라 최근의 과학 이론에 이르기까지 두루 배울 수 있도록 구성되어 있다.

★ 개정신판 이런 점이 달라졌다! ★

첫째, 기존의 책을 다시 한 번 재정리하여 독자들이 더 쉽게 이해할 수 있게 만들었다.

둘째, 각 수업마다 '만화로 본문 보기'를 두어 각 수업에서 배운 내용을 한 번 더 쉽게 정리하였다.

셋째, 꼭 알아야 할 어려운 용어는 '과학자의 비밀노트'에서 보충 설명하여 독자들의 이해를 도왔다.

넷째, '과학자 소개·과학 연대표·체크, 핵심과학·이슈, 현대 과학·찾아보기'로 구성된 부록을 제공하여 본문 주제와 관련한 다양한 지식을 습득할 수 있도록 하였다.

다섯째, 더욱 세련된 디자인과 일러스트로 독자들이 읽기 편하도록 만들었다.

철학자가 들려주는 철학 이야기 (전 100권)

아이들의 눈높이에 맞춘 철학 동화!
책 읽는 재미와 철학 공부를 자연스럽게 연결한 놀라운 구성!

대부분의 독자들이 어렵게 느끼는 철학을 동화 형식을 이용해 읽기 쉽게 접근한 책이다. 우리의 삶과 세상, 인간관계에 대해 어려서부터 진지하게 느끼고 고민할 수 있도록, 해당 철학 사조와 철학자들의 사상을 최대한 풀어 썼다.

이 시리즈의 가장 큰 장점은 내용과 형식의 조화로, 아이들이 흔히 겪을 수 있는 일상사를 철학 이론으로 해석하고 재미있는 이야기로 담은 것이다. 또한 아이들의 눈높이에 맞는 쉽고 명쾌한 해설인 '철학 돋보기'를 덧붙였으며, 각 권마다 줄거리나 철학자의 사상을 상징적으로 표현한 삽화로 읽는 재미를 더한다. 철학 동화를 이끌어가는 주인공을 형상화하고 내용의 포인트를 상징적으로 표현한 삽화는 아이들의 눈을 즐겁게 만들어준다. 무엇보다 이 시리즈는 철학이 우리 생활 한가운데 들어와 있고, 일상이 곧 철학이라는 사실을 잘 보여준다. 무엇보다 자기 자신을 극복한다는 것, 인간을 사랑한다는 것, 진정한 인간이 된다는 것, 현실과 자기 자신을 긍정한다는 것 등의 의미를 아이들의 시선에서 풀어내고 있다.